7 Claves más en
Finanzas Personales

Las estaciones de la vida

Sandro Muñoz

1ª edición: abril 2020

Editado y diseñador por Sandro M.
www.3coma14.com

ISBN: 9798648627772

Dedicatoria

A todos los autores de los libros que he leído en los últimos cinco años. Aprendí que es posible seguir creciendo a partir de los treinta.

Índice

Contenido

Introducción

El tiempo es una magnitud física con la que medimos la duración o separación de acontecimientos.

El tiempo permite ordenar los sucesos en secuencias, estableciendo un pasado, un presente y un futuro.

En cierta manera, en nuestras vidas, todos tenemos un pasado, vivimos un presente, nos espera un futuro y la certeza de la muerte.

En función de nuestra edad, economía y estatus social, todos tenemos unas necesidades económicas que nos ayudan a dar respuesta a nuestras necesidades básicas y recreativas en las etapas de la vida.

La vida es lo que pasa antes de la muerte y de cómo la afrontamos, de cómo la vivimos depende básicamente de lo que estemos haciendo en el presente.

Solamente podemos actuar en el presente para cambiar nuestro futuro, no podemos actuar de ninguna forma en nuestro pasado ni tampoco en nuestro futuro. Todo pasa por lo que hagamos hoy.

Por eso, hay que pararse y observar que etapas nos depara la vida, situarnos en ellas y establecer qué es lo que desearíamos para cada una de ellas y actuar en consecuencia ahora para que eso se cumpla.

¿Te cambiarías mañana de empleo para otro en el que te pagaran menos?

Si tu respuesta es no, entonces, porque no haces nada para prepararte para tu futuro. Llegará un día en el que dejarás de trabajar. Ese día, seguro que cambias de ocupación, pero en tus manos está el que te paguen menos por ello.

Hoy puedes tomar cartas en el asunto, pero cuanto más tardes en hacerlo, menos margen de maniobra tendrás.

¿Te has preguntado qué pasará cuando te jubiles? ¿y si por alguna razón o circunstancia tenemos que dejar de trabajar en lo que hacemos hoy? ¿Qué harías?

Es difícil pensar en algo desconocido, como puede ser la jubilación, el dejar de trabajar, el dejar de percibir el salario actual, etc. Pero en tanto que la esperanza de vida aumenta, más tenemos que pensar en los ingresos que deseamos tener cuando tengamos que mantenernos con una pensión. Ya está difícil de por si el mercado laboral, el pronóstico es que no mejore e imagínate pues como puede estar la jubilación.

Como explica Carlos Kasuga, en la vida, como en la naturaleza, hay una primavera, un verano, un otoño y un invierno. Todos vamos a llegar al invierno de nuestra vida. ¿Te has planteado alguna vez cómo quieres llegar al invierno de tu vida? Lo deseable es llegar al invierno de nuestra vida de forma saludable, con plenitud, abundancia, paz, con capacidad de disfrutar de nuestros nietos, hobbies, viajar, etc.

Muchos de nuestros ancianos, llegan al invierno de su vida sin nada, endeudados, enfermizos y deprimidos. Nadie les enseñó que algún día llegaría el invierno a su vida. Nuestra propia psicología, nuestro estilo de vida y el consumismo actual no nos dejan ver y apreciar que realmente se llega a esta estación (etapa) de la vida.

Las estaciones de la vida de Carlos Kasuga

"En la vida, como en la naturaleza, hay una primavera, un verano, un otoño y un invierno."

Carlos Kasuga

Las cuatro estaciones de la vida

En nuestras vidas, como en la naturaleza, se producen cuatro grandes etapas que podemos denominar estaciones. Al igual que las estaciones del año, nuestra vida contiene una primavera, un verano, un otoño y un invierno.

Las estaciones del año se deben a la inclinación del eje de giro de la Tierra respecto al plano de su órbita respecto al sol.

Las estaciones de la vida se deben básicamente a nuestra edad y en cómo gestionamos y aprovechamos las oportunidades que nos brinda la vida.

El año 2017 la esperanza de vida media de los países de la OCDE se situaba en un poco más de los 80 años. Esta cifra nos permite de alguna manera dividir las estaciones de la vida en cuatro periodos iguales de veinte años.

Así, la primavera de la vida comprende la edad de 0 a 20 años; el verano de los 21 a los 40, el otoño de los 41 a los 60 y el invierno de los 61 a los 80 años (o más).

Estas estaciones son orientativas y varían en función de la longevidad de cada persona y de la situación personal de cada uno, pero sirve para hacernos una idea de este viaje en el que estamos inmersos.

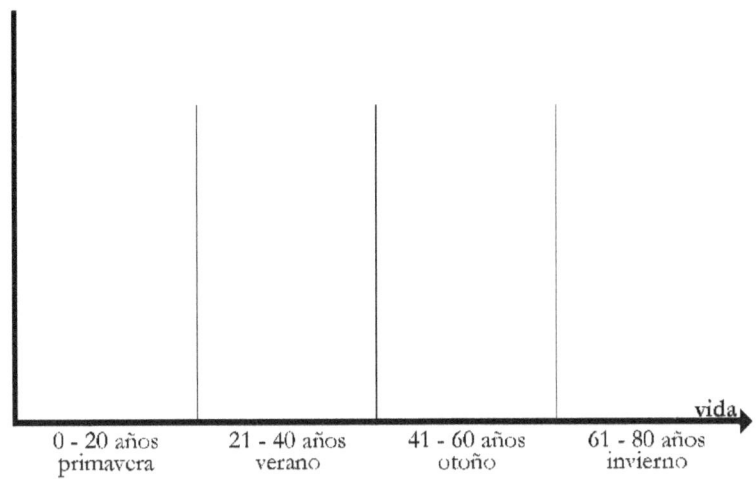

| 0 - 20 años | 21 - 40 años | 41 - 60 años | 61 - 80 años |
| primavera | verano | otoño | invierno |

No podremos escapar de estas cuatro estaciones, y su orden esta preestablecido. Con esta información, está en nuestras manos tomar los conocimientos precisos para aprovechar al máximo los beneficios de cada una de estas estaciones.

La primavera

La primavera es el periodo de tiempo que comprende desde el nacimiento hasta los veinte años.

La estación

El término prima proviene de «primer» y vera de «verdor». Esta estación antecede al verano y es la primera de la vida.

En primavera, la temperatura aumenta lenta y progresivamente conforme avanzan las semanas, con algún período intercalado de ambiente invernal. Las hojas y flores de los árboles de hoja caducifolia vuelven a crecer de manera gradual, dando colorido de nuevo al paisaje después del invierno. Los árboles están en crecimiento, crecen sus raíces, su tronco empieza a erguirse y sus ramas empiezan a desarrollarse.

En las personas

En las personas, la primavera es sinónimo del estado joven, los primeros tiempos de algo, energía, vigor y frescura. Precede inmediatamente la edad adulta, por lo que esta etapa comprende también la infancia y la adolescencia.

Es una etapa vital donde predomina el crecimiento físico, psíquico, intelectual y moral. En la etapa en que crecemos y nos desarrollamos.

Punto clave en esta estación

Lo ideal en esta estación es crecer de forma homogénea, tanto en los físico, intelectual y moral. Hacerlo de forma desigual crea desequilibrios que tarde o temprano deben corregirse o se echan en falta.

En la primavera es cuando mayormente se siembra, para en las posteriores estaciones, poder cosechar y recoger los frutos de nuestra siembra.

En esta estación aparecen muchas oportunidades que deben aprovecharse. Hay que aprovechar la bonanza de esta estación y de los factores que la caracterizan (juventud, vitalidad, energía, independencia, vigor, etc.).

Primavera significa oportunidad y hay que ser lo suficientemente disciplinado en plantar en la primavera. Para recoger primero hay que sembrar. No hay otra estación más propicia para ello.

Verano

Después de la primavera llega el verano. Este periodo de tiempo va de los veinte a los cuarenta años.

La estación

El verano se caracteriza por que los días son más largos y las noches más cortas, sigue a la primavera y precede al otoño. Es la época más calurosa y seca del año. Hay más horas de luz y junto a las temperaturas ayuda a que se aprecie un aumento de la actividad tanto en el campo como en las ciudades.

En las personas

En esta estación es cuando nos casamos, tenemos hijos y trabajamos duro. Llegamos a la plenitud de crecimiento y desarrollo. Contamos con la experiencia y formación de la primavera.

Punto clave en esta estación

En esta estación lo que hemos sembrado coge fuerza y da sus frutos. Es una etapa de vigorosidad, fortaleza y actividad. Como hemos dicho antes, nos casamos, tenemos hijos, trabajamos, etc. Estamos en el apogeo de nuestras vidas.

Si hemos sido disciplinados y hemos plantado en primavera, en esta estación tendremos la promesa de la cosecha.

Después de haber plantado aquellas semillas durante la primavera, rápidamente el verano se avecina. Tenemos el deber de proteger la cosecha para asegurarla para la siguiente estación.

Otoño

Pero después del verano llega el otoño, periodo de tiempo que ocupa de los cuarenta a los sesenta años.

La estación

Sigue al verano y precede al invierno. Durante esta estación la temperatura comienza a descender. Las hojas de los árboles caducos cambian su color verde por tonos ocres, hasta que se secan y caen ayudadas por el viento que sopla con mayor fuerza

En las personas

A nosotros el pelo se nos cambia de color y se nos cae, perdemos algo de vista y nuestro cuerpo pierde la fuerza y vigorosidad de las estaciones anteriores. Período de la vida en que se ha alcanzado la plenitud vital y aún no se ha llegado a la vejez.

Punto clave en esta estación

En esta estación hay que asumir la responsabilidad de lo que hayamos hecho en las estaciones anteriores, tanto si debe considerarse como logro o fracaso.

En esta estación, que antecede al invierno, frecuentemente se entra en depresión debido a que no se asume la responsabilidad sobre los éxitos y fracasos pasados. En esta estación deberíamos cosechar lo que en la primavera hemos sembrado y el verano protegido.

Sólo asumiendo la completa responsabilidad por el trabajo hecho en las estaciones anteriores uno puede lidiar con la fuerza del invierno que se avecina.

Invierno

Y finalmente, después del otoño, llegamos al invierno de nuestras vidas. Esta estación empieza a los sesenta años y termina con la muerte.

La estación

Es la estación más fría de todas y la más húmeda en cuanto a lluvias se refiere. Las temperaturas también son las más bajas en esta estación y se tienen menos horas de luz solar.

En las personas

En esta etapa del ciclo vital, se presenta un declive de todas aquellas estructuras que se habían desarrollado en las etapas anteriores, con lo que se dan cambios a nivel físico, cognitivo, emocional y social. Esta fase tiene un punto final claro, la muerte.

Punto clave en esta estación

Es cuando empezamos a hacer balance de nuestra vida, dar seguridad y cobijo a los hijos y nietos, y pasarles la herencia; igual que el árbol grande y fuerte da sombra y cobijo a todo el que se acerca a él.

Lo deseable es llegar a esta estación de la vida libre de deudas, con salud, con capacidad de disfrutar del ocio, viajar y recrearse en esta etapa que debería ser de júbilo.

Por el contrario, muchos llegan aquí, endeudados, enfermos, sin recursos, con problemas de diferente índole y sin un entorno socioeconómico favorable que les permita aligerar la carga arrastrada durante el verano y el otoño.

Para no llegar así al invierno de nuestra vida, el secreto está en hacer lo siguiente: ahorrar.

En la vida, sólo el cambio es constante

La lección es: mantente preparado para el invierno.

Con cuatro simples acciones uno puede mejorar el curso de su vida. No hay que negar que los inviernos pueden llegar en cualquier momento, hay que saber asumir la responsabilidad en el otoño por el trabajo que hemos realizado.

No siempre cosecharemos lo suficiente para aguantar el invierno, y de igual forma el invierno no durará para siempre. Las oportunidades siempre aparecerán.

De esta manera vivimos en un mundo en el que los ciclos se repiten una y otra vez. Lo importante es tener el conocimiento suficiente para poder aprovechar nuestras oportunidades al máximo, saber que debemos de defender y proteger todo lo que construyamos y también no buscar culpar a las cosas externas por los resultados que tengamos.

Vive correctamente y siempre sé consciente de que el cambio es inevitable. Pregúntate ¿Cómo quieres llegar al invierno de tu vida?

El secreto para llegar bien al invierno de tu vida consiste en ahorrar desde tu primer sueldo, un 10% por ejemplo. El otro 90% no es tuyo; es para pagar la casa, la comida, ropa, medicamentos, suministros, coche, etc. Ahorra durante los 20 años del verano y los 20 años del otoño (40 años).

Considerando unos ingresos mensuales netos de 1.500 € durante 40 años, tenemos unos ingresos totales de 720.000 € (40 años x 12 meses x 1.500 €).

Si de esos 1.500 € mensuales vamos ahorrando el 10%, al cabo de esos 40 años tendremos el 10% de esos 720.000 €, es decir, tendremos ahorrados 72.000 € para nuestro invierno.

Un árbol grande y fuerte nace de una pequeña semilla; igual que nuestro primer pequeño sueldo y nuestro primer ahorro, que irá creciendo poco a poco hasta darnos seguridad. Será el premio a tu trabajo, disciplina, constancia, esfuerzo y honestidad.

Los árboles de 40 años se ven con un tronco muy fuerte, grande, resistente y grueso. El árbol tiene mucho follaje y da mucha sombra.

Este árbol grande no nace de una semilla muy grande. Nace de una pequeña semilla que ha sido regada, cuidada y mimada poco a poco durante 40 años (verano y otoño).

Este árbol, aunque se muera y lo talen, seguirá dando calor con su madera por unos años más.

A muchos, nadie nos enseñó de pequeños a prepararnos para el invierno de nuestra vida; pensamos que siempre sería primavera, y cuando nos dimos cuenta, ya era tarde. Por eso muchos llegamos cansados, tristes, solos, endeudados, enfermos, etc.

Así pues, tenemos cuatro estaciones en nuestras vidas que tenemos que aprovechar al máximo y fijarnos unas metas y logros en cada una de ellas acorde a nuestra situación personal.

Si eres de los que llega tarde, tranquilo, es lo más frecuente, aunque no deseable. Empieza a ahorrar. Mejor tarde que nunca.

Aprende a lidiar con el invierno

Cada año llega un invierno, sin excepción. Para poder lidiar con él hay que estar preparados. Ya sea preparando los abrigos o mejorando el estilo de vida que llevamos, siempre hay que estar preparados para el invierno porque es seguro que vendrá.

Lo mismo ocurre en la vida, los tiempos difíciles son imposibles de evitar. La vida no transcurre suavemente sin ningún problema desde su inicio hasta el final.

Por esta razón hay que estar preparados para que cuando venga, no nos quedemos atascados en el frío sin abrigo.

Y en el caso de que no nos hayamos preparado, debemos asumir la responsabilidad por ello, y entender, que ese invierno será uno de los más duros, fríos y lo tendremos que sobrevivir con una fuerza de voluntad fuerte hasta la llegada de la primavera.

Porque después del invierno siempre llega la primavera, sin excepción.

El ciclo vital

"El activo más poderoso con el que contamos es nuestra mente"

Robert Kiyosaki

¿Qué es el ciclo vital?

El ciclo vital es un modelo o patrón que permite explicar la evolución, de forma genérica, de las personas a lo largo de su vida. Un modelo económico es una representación simplificada de la relación entre distintas variables que explican cómo opera la economía o un fenómeno en particular en Ella.

Los modelos económicos no lo explican todo porque siempre hay anomalías o circunstancias particulares que no se explican. Tampoco son inmutables a lo largo del tiempo, pero sirven enormemente para dar explicación y análisis a generalidades.

El ciclo vital estándar básicamente analiza la vida de la persona y se plantea la existencia de dos capitales básicos a lo largo de su vida: el capital humano y el capital financiero.

El capital humano

Se entiende como capital humano al conjunto de capacidades de las personas para generar ingresos a lo largo de su vida.

En economía hay tendencia a cuantificarlo como el valor en un momento determinado, de los futuros ingresos, actualizados a un tipo de interés y en una situación económica razonable.

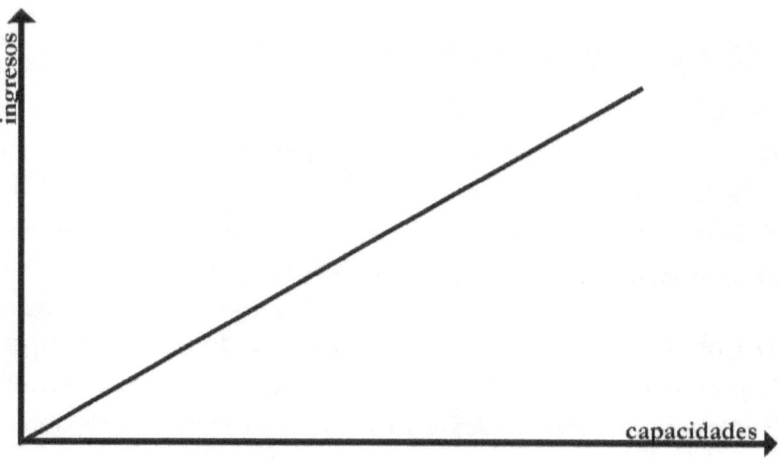

Evidentemente, la evolución del capital humano aumentará, o será mejor, y podrá ser superior, en función de la formación de la persona. Un ingeniero, por ejemplo, tiene expectativas de ingreso superiores a un obrero manual, por lo tanto, su valor como capital humano será superior.

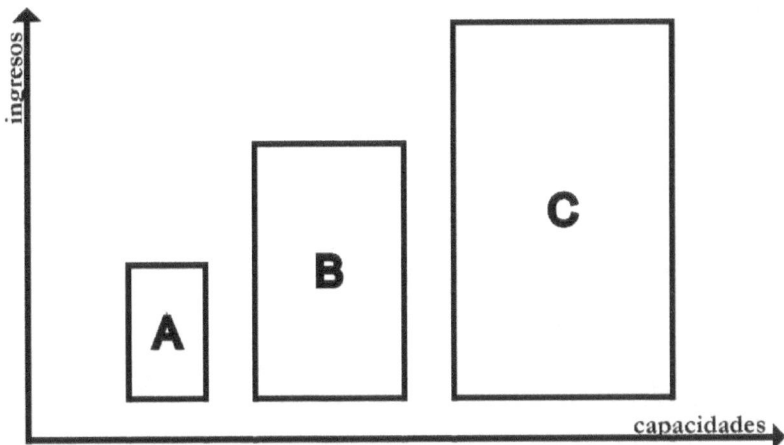

Los individuos tendrán mayor capacidad de generación de ingresos por trabajo en cuanto mayor sean sus capacidades. En términos económicos, quien tiene mayor base puede optar a mayor altura. Más adelante veremos cómo se puede optar a mayores ingresos sin aumentar estas capacidades.

Siguiendo con la explicación del valor del capital humano de un individuo, cuando deja de trabajar, tiene un valor virtual de cero. Un profesional liberal quizás pueda agregar más años, un artista puede ser que con 80 años aun esté en activo y aún tenga capital humano.

El considerar que el capital humano de un jubilado tiene un valor de cero es excesivamente materialista. Un modelo más actualizado es la compatibilidad de la prestación por jubilación con el desarrollo de alguna actividad compensando con el pago de impuestos. Actualmente se ve cierta apertura en referencia a estas posibilidades de compatibilizar actividad y jubilación.

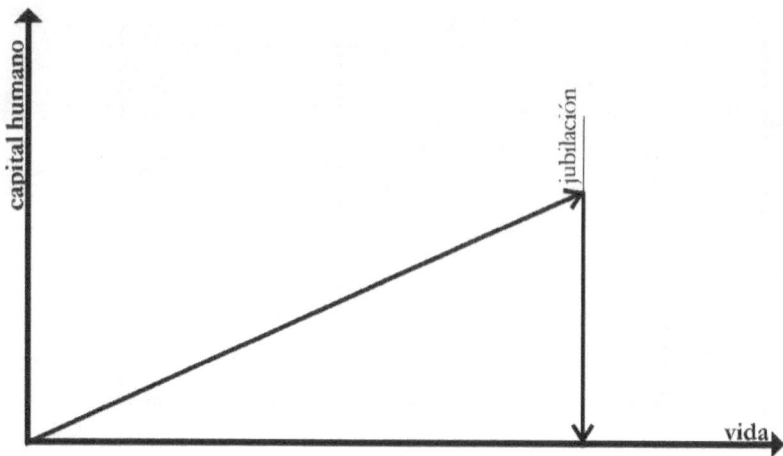

Es impensable perder capital humano de la noche a la mañana por el simple hecho de estar jubilado. Es un valor numérico a efectos de concepto económico para explicar los modelos.

Como concepto, se considera así puesto que las capacidades dejan de ser susceptibles de convertirse en ingresos.

El capital financiero

El capital financiero es la conversión del capital humano en ingresos.

A medida que uno trabaja, esas expectativas se van haciendo líquidas con los ingresos que se cobran como contraprestación.

Una parte de estos ingresos se pueden consumir. De hecho, se podría llegar a consumir todo, pero entonces no habría nunca capital financiero. La parte de ingresos que uno no consume y ahorra va generando un capital financiero invertido de la forma que sea (efectivo, depósito bancario, acciones, participaciones, etc.). El capital financiero es pues ahorro.

Comúnmente, el capital financiero, a lo largo de la vida de una persona, sufre oscilaciones, pero generalmente se puede considerar que es creciente. Debería serlo.

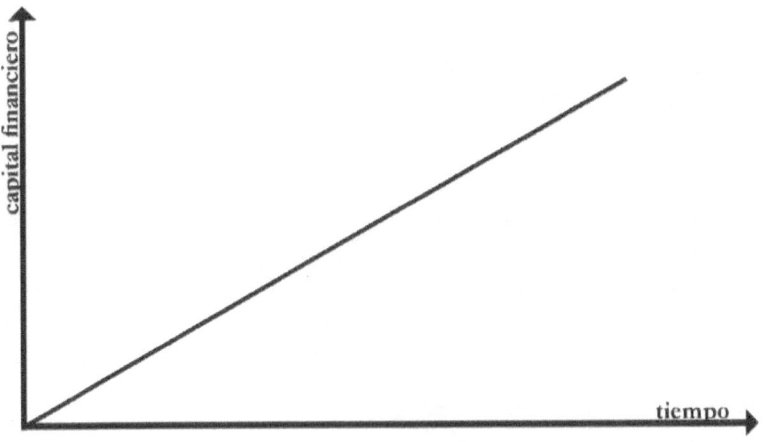

En general, los jubilados, en el momento de jubilarse, tienen ahorros o inversiones superiores a lo que tenían cuando eran más jóvenes. También debería ser siempre así.

Por tanto, en la evolución del capital financiero podríamos decir que se inicia con una cantidad muy baja y va aumentando hasta llegar a un máximo.

Ese capital financiero puede transformarse y puede concentrarse en dinero, en acciones e incluso en un capital financiero inmobiliario (casa).

Las necesidades de capital financiero en la vida de una persona cambian en función de la estación (o etapa de la vida) en la que se encuentre. Puede llegar el caso que una persona, al jubilarse quiera dejarlo todo en herencia y podría ser que no consumiera nada o muy poco de su capital financiero. En la práctica, esto no es muy habitual.

Lo más común es que el capital financiero se vaya consumiendo para compensar los menores ingresos del capital humano que se van produciendo en el futuro. Es decir, lo normal es acumular capital financiero durante la vida hasta la jubilación. Una vez estamos en esta situación, lo normal, es hacer uso de esos ahorros.

Así pues, tanto en el capital humano como en el capital financiero, podemos decir que hay una fase de acumulación, de crecimiento, y una fase de desacumulación.

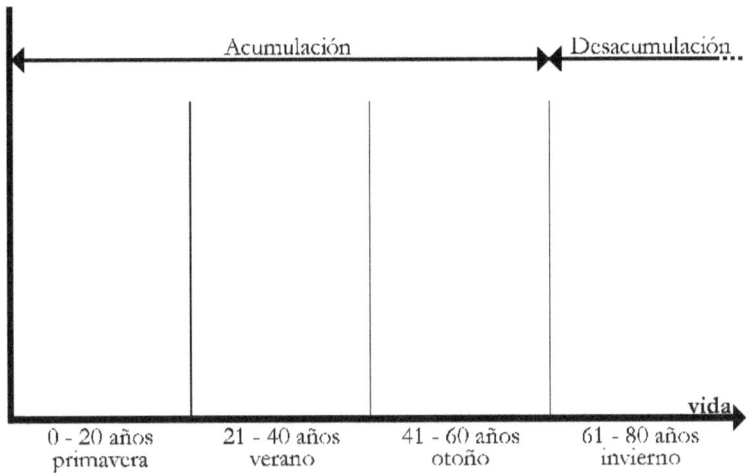

| 0 - 20 años | 21 - 40 años | 41 - 60 años | 61 - 80 años |
| primavera | verano | otoño | invierno |

En el capital humano, la acumulación se va produciendo con la formación del niño hasta convertirse en persona adulta que es capaz de generar ingresos mediante, por ejemplo, el trabajo. Con el transcurso del tiempo puede ir subiendo de categoría laboral y aspirar a unos salarios superiores que en los inicios de su vida laboral.

Posiblemente uno llega a un máximo de nivel a partir del cual el capital humano ya no crece, incluso dejará de crecer en la jubilación.

El valor del capital humano de ciertas personas deja de crecer cuando dejan los estudios a edades tempranas. Otros, cuando terminan sus estudios, dando por sentado que han llegado a una cima o tope que no se puede superar. Otros tantos, una minoría, no deja nunca de aprender y mantener o aumentar su valor como capital humano.

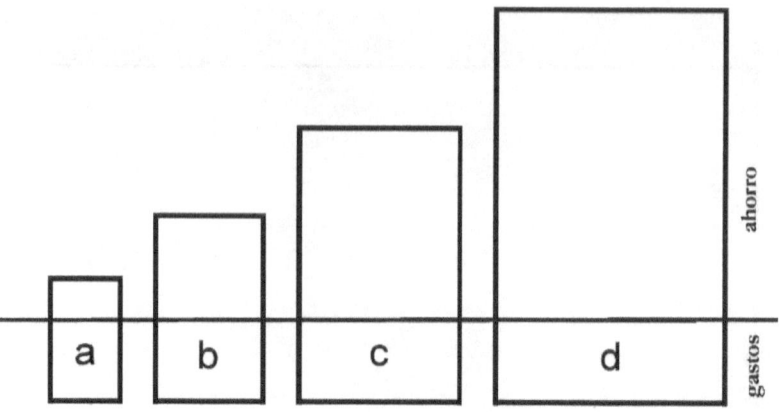

Cuatro perfiles diferentes de capital humano tienen distintos recorridos en cuanto a su capacidad de acceso a salarios más elevados. Considerando que todos tienen los mismos gastos, el diferencial que no se consume, se ahorra. Es el valor que se le debe otorgar al capital humano. Además, permite el acceso a mayor número de puestos de trabajo.

El capital financiero depende más de las decisiones de las personas que del aspecto biológico. Podemos considerar también que también se producen ciclos: crecimiento y decrecimiento. Más adelante veremos que la capacidad de ingresos depende de la mentalidad en la que se generan los ingresos: empleado, autoempleado, dueño de negocio o inversor.

Evidentemente, para poder desacumular ese capital financiero, primero se ha tenido que producir en la fase de acumulación, en cierto momento de la vida se alcanza un máximo, y a partir de la decisión personal de cada persona o cada familia, va disminuyendo a lo largo de la vida.

La idea que envuelve estos conceptos de capital humano y capital financiero es que cuando el capital humano de las personas sea insuficiente (jubilación, por ejemplo), se deberían tener suficientes ahorros como para poder mantener el nivel de vida con el capital financiero acumulado.

Evidentemente, el capital humano y el capital financiero son necesarios, pero no son suficientes para dar un enfoque completo al ciclo vital de un individuo. El tener uno y no tener el otro no condiciona el nivel de felicidad que uno pueda tener. Uno u otro no son indicadores de dicho nivel.

En la planificación de las familias y la planificación financiera deben de incluirse aspectos personales, aspectos de recursos psicológicos y aspectos de recursos sociales. Aquí entra en escena otro capital muchas veces no considerado como tal.

Capital social o capital relacional

Además del capital humano y el capital financiero, los individuos disponemos de un capital social o capital relacional.

El orden en que se numeren estos capitales no importa, los tres son importantes y los tres son necesarios.

El capital social está formado por el conjunto de relaciones de las cuales disponemos y de las cuales podemos confiar en un momento determinado.

El capital social, al igual que el capital humano, exige una formación y la disciplina para ahorrar del capital financiero. El capital social también, como todo capital, necesita inversiones, muchas veces en forma de tiempo.

No son inversiones monetarias, son inversiones de interacción y preocupación por las personas de nuestro entorno. De ayuda, colaboración, etc.

Esto son inversiones, y evidentemente, podríamos decir que las personas que no son extrovertidas puede, incluso, generarle costos en este aspecto.

Pero lo cierto es que este tipo de interacción y relación a la larga facilita conseguir fines que de otra manera son muy caros o no se podrían alcanzar. Sobre todo, por el aspecto psicológico.

Primero hemos comentado que el capital humano y el capital financiero tienen una fase de acumulación y una fase de desacumulación. Son fungibles y fugaces. Precisamente, el único capital que no debe disminuir cuando se usa es el capital social o relacional.

Los amigos siempre son amigos y la familia siempre es la familia. Las buenas relaciones siempre son buenas relaciones y, simplemente, quizás el uso de esa relación, lo que hace es incrementarlo, no reducirlo, como si ocurre con los otros capitales. Cuánto más se tiene y más se usa, más se genera.

Hay una serie de culturas que potencian bastante el capital social. En el mundo capitalista esto no es así donde se potencia más el interés egoísta y se inculca más la exclusiva necesidad de capital financiero. Error.

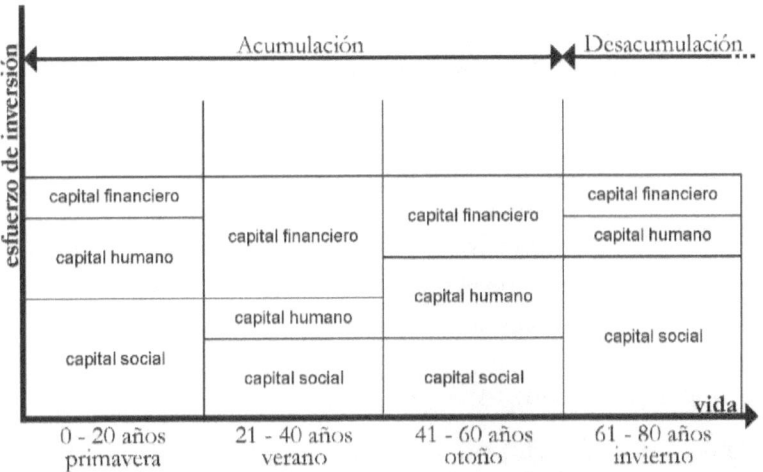

Un ejemplo de cómo se podría invertir en estos tres capitales a lo largo de la vida sería este. Sin duda todos son necesarios, lo que no sabemos es en qué medidas vamos a necesitar cada uno de ellos en cada estación de la vida. También es algo no programable puesto que depende de aspectos individuales, pero no está demás tenerlos en cuenta y darles su merecido peso.

Sesgos en cada estación de la vida

En la planificación personal y financiera existen unos sesgos muy habituales en función de cada etapa, ya sea en la fase de acumulación o en la de desacumulación.

Sesgos que influyen en el ahorro para el retiro

Un sesgo cognitivo es una característica en particular de un sujeto, que incide en el procesamiento de la información y que forma lo que se conoce como prejuicio cognitivo (la clase de distorsión que afecta el modo de percibir la realidad).

Los sesgos habituales en la planificación financiera y personal en la etapa de acumulación son:

1. Sesgo de inconsistencia temporal o el aplazamiento.
2. Sesgo de distintos tipos de sobreconfianza.
3. Sesgo del cost-sunk o coste hundido.

Inconsistencia temporal o aplazamiento

La inconsistencia temporal y el aplazamiento inciden sobre el ahorro de forma negativa. El deseo de la gratificación inmediata desvaloriza la necesidad de ingresos futuros y dificulta dejar de consumir hoy para disponer en el futuro.

También es difícil imaginar que, cuando seamos mayores, necesitaremos ayuda y atenciones y que habrá que poderlas financiar. No tenemos ahora la experiencia de ser mayores que tendremos entonces por lo que nos cuesta creer y entender estos aspectos.

Es difícil en primavera pensar qué necesitaremos en invierno. Nos cuesta pensar en una situación que no hemos vivido y de la que carecemos de experiencia.

Sesgo de anclaje

Otro aspecto que incide negativamente en la decisión de ahorrar es el sesgo de anclaje a la situación actual, tanto económica como de salud.

Por ejemplo, es difícil imaginarnos hoy que si tenemos un buen sueldo y nos despiden que en un nuevo empleo se nos pagará la mitad, o mucho menos, de lo que ahora cobramos.

Creemos que nuestra situación económica (de ingresos) y salud permanecerán intactos con el paso del tiempo. Nos dejamos llevar y pensamos que la situación actual será para siempre. Negamos pensar en la posibilidad de un cambio.

Sobreconfianza

La sobreconfianza incide en los resultados del ahorro a largo plazo. Podemos tener sobre confianza por ejemplo nuestra capacidad de invertir y hacerlo más de lo que nos conviene, o en la neutralidad de los asesores, que pensemos que son neutrales y al final no lo son recomendándonos inversiones en productos que les interesen más a ellos que a nosotros. De alguna forma delegamos la responsabilidad en terceras personas.

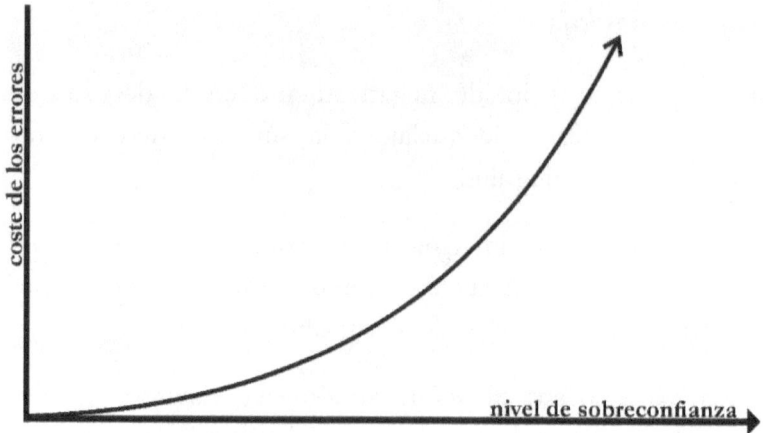

Otro tipo de sobre confianza reside que los resultados pasados que hemos obtenido nos lleven a pensar que seguiremos obteniéndolos. Cada operación es independiente. Ni siempre se gana ni siempre se pierde.

Una operación financiera ganadora no hace, necesariamente, que las siguientes operaciones sean también ganadoras. Cada operación es independiente.

El sesgo de los supervivientes

El sesgo de los supervivientes hace que nos enteremos del amigo o vecino que gana en bolsa. Cuando uno gana, siempre lo comunica, pero en caso de perder, no lo hace. Este sesgo hace que sólo nos enteremos de los vencedores y no de los perdedores. Sólo cuentan los supervivientes.

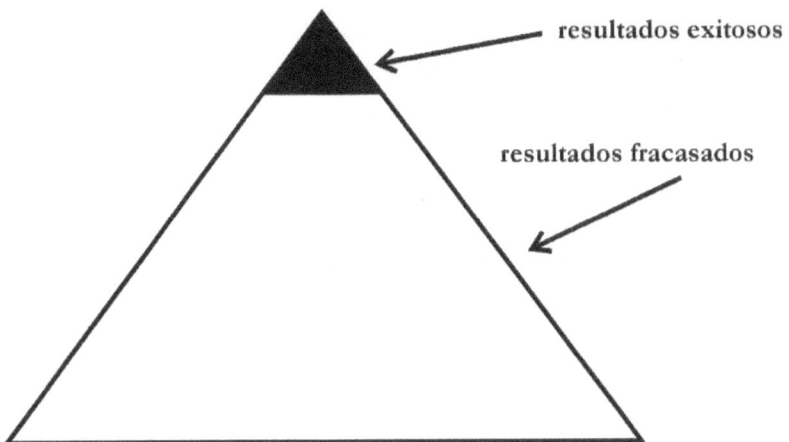

resultados exitosos

resultados fracasados

El hecho de sólo obtener las buenas noticias hace que pensemos que nosotros también ganaremos. Si nuestro amigo ha invertido y ha ganado, nosotros también obtendremos el mismo resultado. En los sistemas piramidales todos entran porque sólo existen buenas noticias y sonados rendimientos.

En estos casos estamos omitiendo el grueso real de la información respecto a este tipo de inversión. La información no es completa y no vamos a buscarla. La ceguera es evidente. Esto también ocurre con los malos asesoramientos.

Sesgo del coste hundido

El sesgo del coste hundido surge cuando una vez se ha iniciado una inversión o hemos decidido algo en lo que vamos a invertir, cuesta reconocer que nos hemos equivocado y que esta inversión no ha sido adecuada.

Nos fijamos más en lo que nos ha sucedido previamente que en el camino hacia dónde vamos.

Este sesgo, que además se refuerza mucho con el anclaje, es muy habitual en el inversor que ve cómo sus acciones bajan de valor y aprovecha justamente para comprar más. Para él ahora están más baratas que al principio cuando las compró. No se fija en el valor objetivo que en ese momento tienen y que a lo mejor no subirán sino todo lo contrario, que puede ser que bajen más.

Dotamos de valor a una inversión personal relevante del pasado, e irrecuperable a todas luces, para mantener a flote un proyecto.

Endownment effect

Todos estos sesgos se relacionan con el endownment effect o efecto dotación. Este efecto hace que valoremos más nuestra propiedad o esfuerzo que lo que nos ofrecen a cambio.

Por ejemplo, cuando queremos vender algo nuestro, siempre sobrestimamos el valor. Por ejemplo, cuando queremos vender nuestro coche sobrevaloramos lo que nos pueden dar por él. Pensamos que pueden darnos una cantidad importante, cuando a veces, ni que lo regalemos nos lo van a comprar.

Desacumulando en la jubilación

Desacumular, es hacer uso de los ahorros cuando nuestros ingresos decaen y necesitamos, por alguna razón u otra, mantener o ampliar nuestros consumos y/o gastos.

Recordemos que podemos identificar dos grandes periodos en nuestras vidas, en lo relativo a los ingresos; un período de acumulación, y otro de desacumulación.

La desacumulación óptima consistiría en transformar nuestros bienes en ingresos periódicos garantizados durante toda nuestra vida.

Es lo mismo que hacen los Estados cuando transforman las aportaciones mensuales que realizamos mensualmente a la seguridad social en una pensión.

Como hemos visto anteriormente, en la etapa de desacumulación también nos afectan los sesgos cognitivos.

A lo largo de los años el sesgo de endowment effect distorsiona el esfuerzo que hemos realizado pagando impuestos y ahorrando. Por lo tanto, difícilmente vamos a querer desprendernos de nuestros bienes al jubilarnos.

Esta falta de desapego se refuerza con el sesgo del status quo, de preferir siempre al estado actual a cualquier cambio porque, en general, todos los cambios nos asustan y siempre preferirnos quedarnos con lo conocido.

Hay quienes piensan que tienen derecho a una mejor pensión pública porque han cotizado muchos años. Dirán que han trabajado mucho y que han cotizado muchos años y que, por eso deben tener una buena pensión. Esa afirmación se hace sin ninguna base financiera.

Seguramente, si esas aportaciones las hubiesen gestionado ellos mismos a nivel privado, añadiendo el sesgo de supervivencia, hoy no podrían beneficiarse de las pensiones públicas que pagan los Estados.

Recordemos que el sesgo de supervivencia es cuando solamente nos llega, o solamente valoramos, la información positiva de un hecho. Se omite completamente lo referente a lo negativo.

El sesgo del framing

El framing o estructura es en la forma en que se nos presentan los hechos y los datos. Como, afortunadamente, no sabemos cuántos años vamos a vivir una vez jubilados, cualquier decisión en el momento de desinvertir de una u otra manera, siempre va a estar muy influida por cómo se nos presenta la alternativa.

El framing y las demandas de rentas vitalicias

En ocasiones un mismo producto puede ofrecerse con enfoques diferentes y la aceptación es distinta.

Las rentas vitalicias, por ejemplo, como producto de consumo, son atractivas porque garantizan poder seguir consumiendo en el futuro, como hemos visto anteriormente, nos garantizan esta pensión.

Pero, como inversión, no suele ser un producto que nos atraiga porque nos fijamos normalmente en la rentabilidad que nos produce, y esta es baja. Hay alternativas mejores en cuanto a rentabilidad se refiere.

El momento en que se nos ofrece el producto y la alternativa a ese producto hace que, mayormente, este tipo de producto financiero sea rechazado.

Observamos pues la base psicológica que tiene la economía de cada individuo.

Un producto o servicio que sabemos que nos vendrá muy bien para cuando seamos mayores, pero que, en el momento en que se nos ofrece y debemos iniciarlo, no somos capaces de hacerlo, como, por ejemplo, un plan de pensiones o un fondo de inversión.

La vivienda en el ciclo vital

La vivienda es sin duda la inversión más elevada que realizan las familias a lo largo de su vida. Puede considerarse un coste o inversión según el carácter y finalidad que se le dé en la última estación de nuestra vida.

Será una inversión si vamos a utilizar la compra para una posterior venta y poder compensar la necesidad de recursos. Será un coste si únicamente la adquirimos y la pasamos en herencia.

La vivienda en la planificación personal y financiera

¿Merece la vivienda una mención especial en la planificación financiera? En España, y en otros países, se puede observar que más del 90% de las familias colocan sus ahorros únicamente en la vivienda habitual.

Esto significa que no se tienen otros recursos de los que disponer cuando se necesite mejorar, por ejemplo, la pensión pública, o cuando se sienta la necesidad de realizar algún gasto más elevado de lo normal.

El principal problema de la vivienda es que es un activo ilíquido. Es decir, no es un activo que pueda convertirse fácilmente en dinero efectivo. Esto es fácilmente observable si se compara con una cartera de acciones o un fondo de inversión que, con tan sólo dar orden de compra o venta a precio de mercado en pocos días tenemos el dinero disponible o cargado en nuestra cuenta bancaria. En cambio, comprar o vender una vivienda requiere, normalmente, de meses.

La liquidez es la capacidad que tiene un activo de poder ser vendido rápidamente sin pérdida de valor.

Vender acciones se puede hacer cualquier día que el mercado esté abierto, pero vender una vivienda cuesta tiempo, hay que buscar una persona que quiera comprarla y que tenga capacidad de financiación, entre otras cosas. Es un proceso complejo que requiere de varios meses si todo va bien. Además, el comprador ha de estar interesado en la localización de esa vivienda, barrio, contexto, etc., ya que la vivienda no se puede trasladar de un sitio a otro.

La vivienda en la fase de acumulación

Una pregunta que se plantea frecuentemente, y que tiene una respuesta difícil, es si es mejor comprar o alquilar la vivienda.

La pregunta es difícil contestar porque no hay una respuesta única que sea correcta. Además, puede haber respuestas algo engañosas puesto que, si alargamos el plazo de compra de la vivienda, la cuota será más baja y eso va a parecer que es una opción más interesante, aunque lo que realmente se esté haciendo es pagar más intereses. A menor cuota mensual, más años de hipoteca, que significa, más intereses en el cómputo total.

En los países del sur de Europa está más arraigado el tener la vivienda en propiedad que en los países del norte, donde está más arraigada la cultura del alquiler. No tiene tanto que ver con el nivel económico de cada país, sino más bien por la cultura propia del mismo. Por tanto, hay unos aspectos culturales y sociológicos detrás de esta inversión concreta.

Lo que sí tenemos que considerar es que, si compramos una vivienda, vamos a tener unas limitaciones, independientemente de que podamos pagarla o no. La limitación de tipo personal puede ser que venga determinada en que no podamos aceptar una oferta laboral en otra ciudad o país puesto que estaremos atados de alguna forma a esta vivienda. Otra limitación que nos puede producir estar hipotecado es impedirnos poder destinar una cantidad determinada de dinero en nuestra formación, puesto que estaremos destinando recursos a la adquisición de la vivienda y no podamos destinarlos a otros asuntos.

Por tanto, la compra de una vivienda debería realizarse de una forma bastante meditada, considerando que no tiene por qué realizarse de forma automática tras la consecución de un empleo. Las estaciones de la vida nos pueden enseñar que en periodos de 5 años podemos tener cambios muy significativos en nuestras vidas y que la compra de una vivienda puede limitarnos o condicionar parte de nuestro futuro. Cabe sopesar bien la limitación personal y financiera que supone comprar una vivienda mediante hipoteca, tanto por reducir nuestra movilidad como por someter nuestros ingresos actuales y futuros. Las hipotecas reducen nuestra capacidad de ahorro porque durante muchos años, todo el esfuerzo económico que se hace es, a parte de vivir dignamente, a pagar la vivienda.

Además, comúnmente se acepta el plan de amortización que nos ofrece el banco, sin pensar que siempre podemos acelerar el proceso de devolución, aminorando así los intereses totales.

La vivienda en la fase de desacumulación

En la fase de desacumulación, la vivienda en propiedad ofrece diferentes posibilidades en cuanto a nuestras necesidades y voluntades; y plantea una serie de cuestiones.

Cuando una persona se acerca a la jubilación, en su planificación financiera, debería pensar qué destino le quiere dar a su vivienda. En general, la vivienda es uno de los activos que los jubilados quieren dejar en herencia a sus hijos. Considerando que muchas veces el 90% de las inversiones de las familias se destinan única y exclusivamente a la vivienda, tenemos que los recursos financieros disponibles (ahorros) para afrontar la última estación de la vida son escasos e insuficientes.

La decisión de dejar en herencia la vivienda a los hijos debería de realizarse lo antes posible para poder incluir algún tipo de medida en los presupuestos personales durante la fase de acumulación y poder así planificar mejor la fase de desacumulación. La idea es decidir con antelación qué vamos a hacer con nuestros bienes para planificar mejor el futuro financiero y no dejar que lo hagan otros por nosotros.

Es una decisión personal, pero en cualquier caso debemos tenerlo en cuenta para saber de qué recursos disponemos.

Por otra parte, también es opinable que la vivienda habitual de una persona sea una inversión porque, si bien es cierto que tienen un valor, también es cierto que uno tiene que vivir en algún sitio. La incidencia de la herencia en la vivienda es un tema a tener en cuenta en toda economía familiar. Además, no estaría de más, informarse sobre la fiscalidad de las alternativas que se barajen para completar la información a la hora de tomar dicha decisión.

La hipoteca inversa

Es un instrumento financiero que permite al propietario de una vivienda recibir, de una entidad financiera que valora la vivienda, recibir una cantidad mensualmente o durante un período de tiempo, que puede ser un período de 10, 20 años o combinándolo con una renta vitalicia de un período indefinido, de una cantidad mensual contra el valor de esta vivienda.

Es decir, es una hipoteca inversa en el sentido que cada vez que recibes la cuota del banco, te estás endeudando respecto a la vivienda.

Con este tipo de hipoteca puede que llegues al plazo e importe máximo de endeudamiento, pero el banco te permite seguir haciendo uso de tu vivienda.

Como titular de la hipoteca inversa tú nunca vas a devolver esa cantidad junto con sus intereses, el banco te permite seguir viviendo en tu vivienda hasta que fallezcas o hasta que fallezca el segundo conjugue. Llegado el momento del fallecimiento, la entidad financiera le ofrece a los hijos o herederos recomprar la vivienda contratando una hipoteca por el valor total que la familia ha recibido, más los intereses acumulados.

Otra opción es que los herederos renuncien a la 'recompra' de la vivienda con una hipoteca, con lo cual la entidad financiera se queda con la vivienda y la pone a la venta.

Es como vender una casa a plazos con opción a compra preferente por parte de los herederos.

La hipoteca inversa es una figura que ha tenido una aceptación relativa durante unos años, ya que su demanda aumenta significativamente en periodos en que las pensiones no facilitan la vida de las personas mayores.

También depende del stock de viviendas que tengan los bancos y del movimiento que exista en el mercado inmobiliario, ya que en ciertos ciclos económicos las entidades financieras tienen mucho stock en viviendas y ante la dificultad de darles salida al mercado no ofrecen este tipo de hipotecas para no aumentar ese stock.

La hipoteca inversa es un producto que existe en el mercado, que teóricamente es interesante, pero que las entidades financieras sólo ofrecen cuando es rentable para ellos. Cuando existe una escalada en el precio de la vivienda.

Ante la revalorización de la vivienda, es fácil poder anticipar a los jubilados el 70% del valor de la vivienda (nunca se anticipa todo el valor de la vivienda). Al fallecer los propietarios es fácil que los herederos se hagan con la nueva hipoteca puesto que el valor teórico de la vivienda habría subido con lo que el valor de mercado será superior al que se habría adquirido con la hipoteca inversa. Pero claro, esto siempre en supuestos de escaladas de precios.

Con precios de vivienda fluctuando a la baja, podría pasar que los intereses de la hipoteca inversa fuesen superiores al valor de la vivienda en el mercado. Las entidades financieras correrían el riesgo de tener que absorber todo este parque de viviendas puesto que los herederos renunciarán a adquirir una hipoteca mayor a lo que realmente el mercado ofrece por esa vivienda.

La hipoteca inversa es un producto potencialmente interesante pero solamente comercializable en determinados escenarios económicos.

Como pedir una hipoteca con cabeza

En los préstamos y en las hipotecas intervienen siempre, al menos, dos partes, la parte prestataria que es la que deja el dinero, y la prestada, que es la parte que solicita el dinero.

En esta ocasión vamos a hacer una valoración de los condicionantes o normas que se deberían dar a la hora de aprobar y pedir una hipoteca.

Recordemos que la compra de una casa es la inversión (o gasto) más elevado que se produce en la economía de cualquier familia debido a la cantidad de recursos económicos que requiere.

Norma 1. Valor de la vivienda.

Se estima que el valor de compra de la vivienda debe de ser como máximo el resultado de multiplicar por cuatro los ingresos brutos anuales de la unidad familiar. A esto también se le llama esfuerzo financiero.

Es decir, para una persona soltera que tiene un sueldo bruto anual de 24.000 €, el precio máximo de esa futura vivienda debería de ser 24.000 x 4 = 96.000 €.

En caso de vivir en pareja, se suman esas cifras, por lo que estaríamos doblando esa cifra (considerando los mismos sueldos), arrojando una cifra de 192.000 €.

Hay que tener en cuenta que hablamos de ingresos brutos, por lo que si se están obteniendo más ingresos de otras fuentes, como puede ser el alquiler, etc. también pueden considerarse para realizar este cálculo.

Entendemos el sueldo bruto como la cantidad que se paga a un trabajador antes de la liquidación de impuestos.

Norma 2. Cuota de la hipoteca.

La cuota de la hipoteca (normalmente mensual) no debe superar el 30% de los ingresos netos del hogar.

Los ingresos netos se entienden que son las cantidades de dinero que es perciben como contraprestación de las que ya se han descontado los impuestos y retenciones. Es el dinero realmente disponible.

Considerando el ejemplo anterior, una persona con unos ingresos brutos de 24.000 € anuales, puede considerarse que tiene unos ingresos netos mensuales de 1.500 €. Entonces, el límite máximo de la cuota de esa hipoteca no debería superar la cifra mensual de 450 – 500 €.

En el caso de una pareja, con ingresos netos mensuales de 3.000 €, la cuota no debería de superar los 900 – 1.000 € mensuales.

Norma 3. El importe máximo financiable.

Aunque pueden darse diferentes casos en según qué entidad financiera, y en según qué perfil de cliente o época en que nos toque vivir, lo normal y deseable, tanto para la entidad financiera como para el interesado en la hipoteca, es que el importe máximo a financiar sea del 80% del valor de la vivienda.

Considerando esta cifra, la parte que no se financia es del 20% restante, más los gastos de compraventa (notario, impuestos, registro de la propiedad y gestor administrativo) que suelen ser, aproximadamente el 10% del total del precio de la vivienda (también puede variar según el país y la normativa vigente).

Entonces, lo primero que deberíamos de disponer para la compra de una vivienda es del 30% del precio de compra aproximadamente.

De no ser así, el porcentaje a financiar sería mayor, y al serlo, la cuota mensual resultante de esa financiación seguramente no cumpliría con la norma número 2 ya que la cuota mensual se elevaría.

No cumplir esta norma es indicativo de que estas comprando por encima de tus posibilidades. Si lo que queremos es poder pagar esta hipoteca, debemos intentar cumplir desde el principio con estos requisitos.

Por otra parte, este importe máximo también tiene una explicación emocional. En cuanto la parte compradora debe de aportar un capital inicial importante de la operación, le va a ser más difícil no pagar la hipoteca en cuando ha desembolsado desde el principio un importe considerable de sus ahorros. El tener que disponer de dicha cantidad inicial, es también indicativo de capacidad y voluntad de ahorro.

Si continuamos a rajatabla con el ejemplo numérico, tendríamos que tener ahorrados unos 57.600 € para sufragar el 20% de la vivienda más el 10% de los gastos (aunque esto va cambiando).

De no ser así, y lo que la experiencia ha demostrado, es que cuando las entidades financieras han financiado el 100% o el 110% del valor de compra de la vivienda, ha resultado más fácil para el tomador del préstamo renunciar a su compromiso de pago ya que no ha realizado ningún esfuerzo previo de ahorro para la compra de esa vivienda ni ha realizado desembolso alguno. No pierde ese desembolso inicial del 30% que es recomendable aportar.

Por otra parte, si una entidad financiera otorga el 110% en hipoteca, si desde un principio la parte prestada no realiza los pagos de las cuotas, la entidad financiera está perdiendo dinero desde el principio con esta operación.

Por otra parte, el riesgo por parte de las entidades financieras se reduce al financiar el 80% de los valores puesto que en caso de ejecutar la hipoteca y quedarse con la vivienda, salvo fuertes fluctuaciones de precios de vivienda, está adquiriendo un valor a un costo del 80% por lo que puede recuperar algo en caso de posterior liquidación de esa vivienda.

Regla 4. Duración de la hipoteca

La duración máxima deseable de una hipoteca es de unos 15 años debido al sistema de amortización que suele utilizarse para la amortización de hipotecas.

Alargar por encima de los 20 años las hipotecas hacen que estas se vuelvan muy costosas en cuanto a los intereses finales que vamos a pagar.

Actualmente se hacen hipotecas a periodos superiores a 15 y 20 años debido a que, el elevado coste de compra hace difícil cumplir las anteriores reglas, por lo que para reducir el importe de la cuota mensual se otorga a más años. Esto suaviza la cuota mensual a pagar, pero conlleva un coste más elevado en intereses.

En este sentido, deberíamos intentar conseguir el mínimo de años posibles que nos permitan cumplir las normas anteriores. También se puede considerar que como máximo nos permitirán endeudarnos hasta los 65 años o fechas promedio de jubilación. Cuanto más cerca estemos de esa edad, más corto será el plazo de devolución puesto que esa fecha será el tope máximo.

Regla 5. Tipo de interés.

El tipo de interés a pagar de la hipoteca puede ser fijo o variable. En función de cómo se encuentre la economía de tu entorno puede ser preferible un tipo u otro.

El interés variable se compone de un valor determinado por un índice al que le añaden un diferencial, que es lo que realmente gana la entidad financiera. Este interés mensual se cambia a medida que lo hace índice. El diferencial se queda fijo, por lo que la variación del tipo viene dada por la variabilidad del índice. Sabemos lo que pagamos hoy, pero no sabemos lo que pagaremos el año que viene ya que no sabemos qué valor tendrá el índice en esa fecha debido a la revisión del tipo de interés.

Por otra parte, el interés fijo, lo que hace es establecer un interés al inicio del préstamo y no se cambia durante la duración de éste.

Hay que tener en cuenta que las entidades financieras ganan más dinero durante los primeros años de vida del préstamo que en los últimos, indistintamente si es interés fijo o variable. De aquí que se tenga que hacer la reflexión de si un interés fijo realmente és más interesante para nosotros o para la entidad financiera.

Teoría del ciclo vital de Modigliani

"Un jardinero que cultiva su propio jardín, con sus propias manos, une en su persona los tres personajes, de propietario, agricultor y obrero. Su producción, por lo tanto, debe rendirle la renta del primero, la ganancia del segundo y el salario del tercero"

Adam Smith

Teoría del ciclo vital

El economista Franco Modigliani (Premio Nobel de Economía en 1985) trató de explicar cuáles son los factores que motivan a las personas a consumir o a ahorrar su dinero.

La Teoría del Ciclo Vital explica que las personas ahorran durante las etapas de fuerte generación de ingresos, gastando menos de lo que su poder adquisitivo permite y pensando en la etapa de jubilación en la que los gastos serán superiores a los ingresos. Su teoría fue muy importante para entender la importante relación existente entre el consumo y el ahorro de la población activa.

La Teoría de Modigliani se basa en la gestión del ahorro para la jubilación. Modigliani pretendía una transformación del enfoque sobre el dinero y el ahorro personal para despertar en la sociedad la preocupación por el bienestar económico futuro y para crear una buena cultura del ahorro.

Las bases que generó esta teoría han sido de gran ayuda para programas de ahorro y seguridad social. Lo que Modigliani lleva a concluir es que los jóvenes son los que más dependerán del crédito, los adultos son los que más ahorrarán y los ancianos los que gastarán los ahorros que hicieron cuando fueros adultos.

La Teoría del Ciclo Vital de Modigliani está muy enfocada al problema actual del sistema público de pensiones y la necesidad de seguir realizando reformas para garantizar las futuras pensiones.

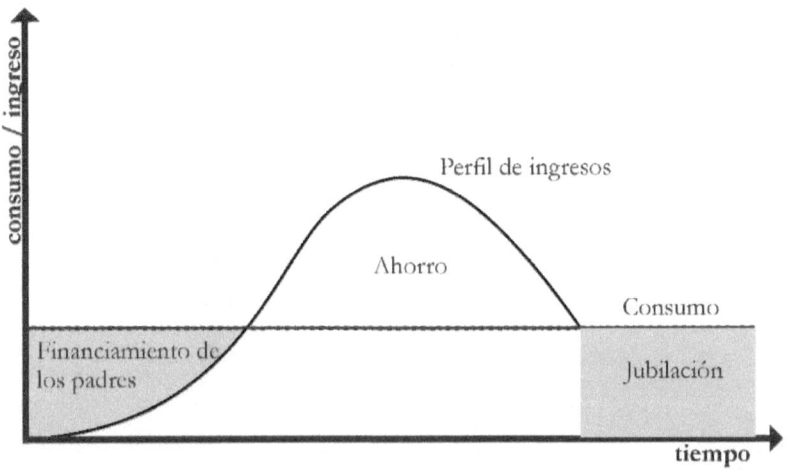

La teoría surge a finales de la década de los cincuentas tras la Segunda Guerra Mundial. En ella se afirma que el deseo de mantener un consumo relativamente fijo conlleva a que la juventud tenga mayores posibilidades de ahorrar, administrando el ingreso de modo que puedan mantener un flujo estable de consumo en el tiempo, en especial durante la vejez. Es decir, las personas ahorran cuando su renta es alta y desahorran cuando dejan de trabajar hasta su muerte.

Actualmente no existe en la sociedad una preocupación por el bienestar económico futuro y es necesario crear una buena cultura del ahorro.

Su investigación concluyó que la curva del ingreso tiene forma de campana. Es decir, al inicio de la vida nuestros ingresos son nulos y van creciendo hasta llegar a la juventud que es el punto más alto y decrece cuando se llega a la vejez.

Teoría del ciclo vital de Modigliani en la actualidad

Actualmente multitud de productos financieros establecen horizontes vitales basados en parte a la teoría del ciclo vital. Por ejemplo, las hipotecas, planes de pensiones, seguros de vida, etc., tienen unos condicionantes basados en la edad de la persona contratante.

La Teoría del Ciclo vital según el mismo Modigliani no responde aceptablemente en supuestos concretos como el ahorro en la tercera edad, el exceso de ahorro en la tercera edad, las herencias, etc. Como vemos, los modelos no lo explican todo.

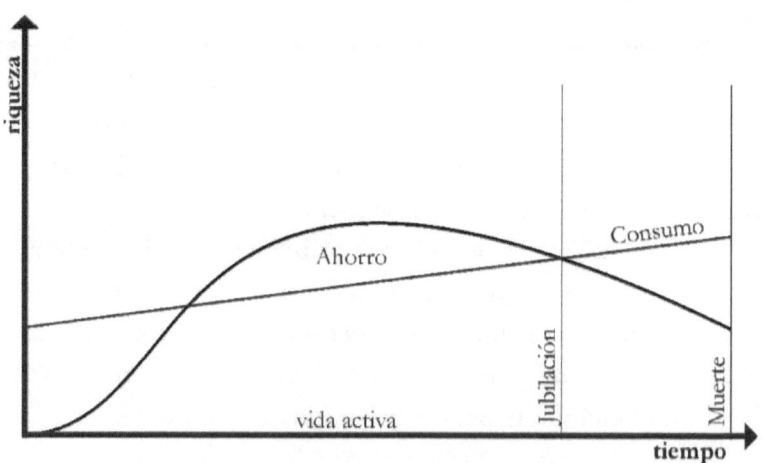

El anterior gráfico contempla el consumo creciente con el paso del tiempo considerando que en edad avanzada el consumo será superior debido a gastos médicos y de cuidados, entre otros, claro. También considera que existe ingreso después de la jubilación y que este, es menor que el ingreso obtenido durante la vida activa.

Las cuatro estaciones del ciclo vital

Partiendo de los conceptos vistos en los capítulos anteriores, podemos empezar a hacer una representación gráfica de los mismos y conjugándolos entre sí para formar un gráfico final con todo.

Hemos visto que la vida se puede estructurar en cuatro grandes estaciones, empezando por la primavera y terminando por el invierno. Considerando una media de esperanza de vida de unos 80 años, podemos decir que cada estación tiene una duración aproximada de 20 años.

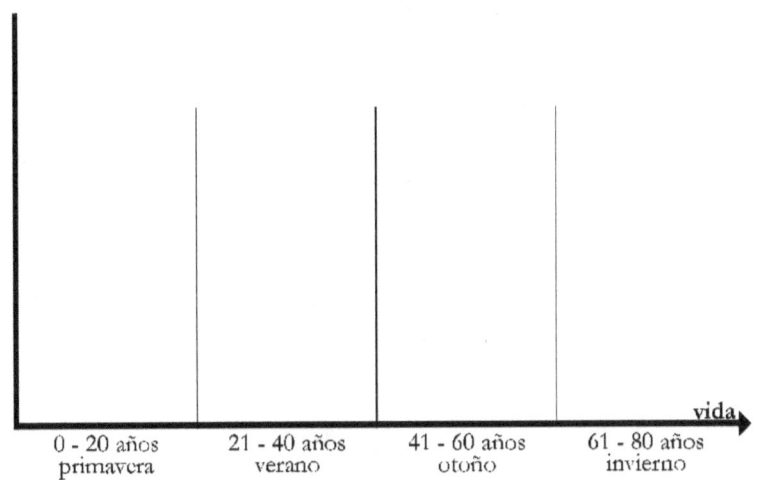

| 0 - 20 años | 21 - 40 años | 41 - 60 años | 61 - 80 años |
| primavera | verano | otoño | invierno |

En estas cuatro estaciones que estructuran la vida de una persona, tenemos dos periodos diferenciados según la productividad de los individuos, considerando un periodo de acumulación y otro de desacumulación.

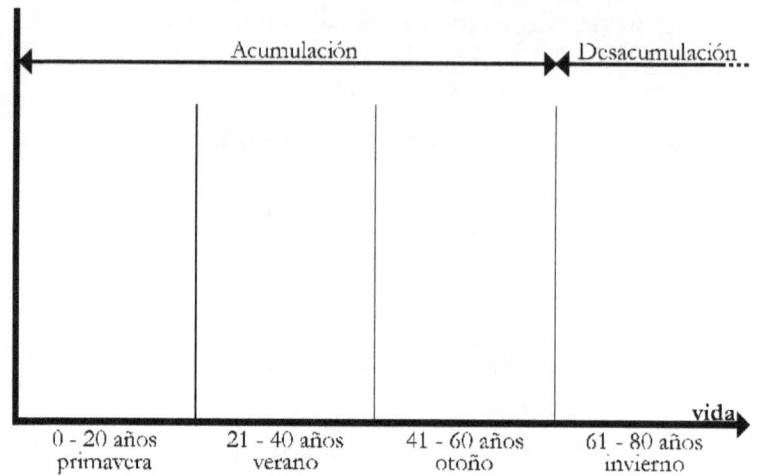

El periodo de acumulación engloba las tres primeras estaciones de la vida hasta la jubilación, periodo en el que se inicia la desacumulación.

También hemos visto que en función de nuestro capital humano optaremos a niveles salariales o de ingresos también más elevados.

En la siguiente gráfica observamos que en función de los estudios (capital humano) que uno tiene, opta a unos ingresos mayores a lo largo de su vida en cuanto a salarios.

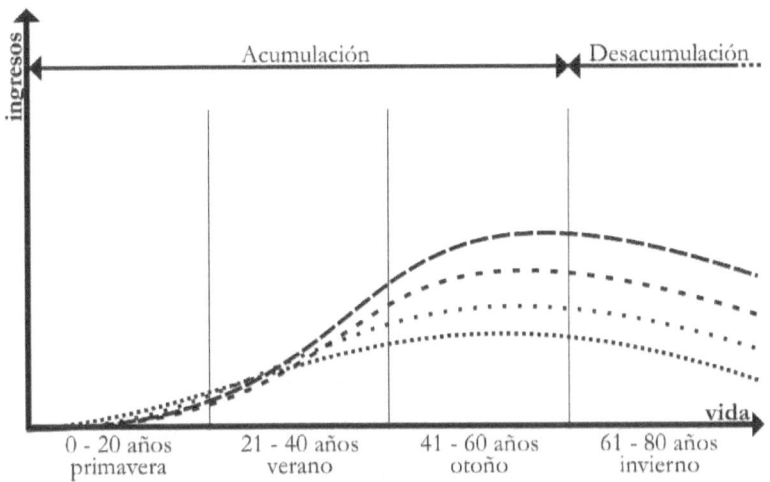

En el gráfico se representan 4 posibles perfiles de estudios. El nivel más bajo de ingresos vendría determinado por personas que no tienen estudios. En no tener estudios no te aparta del mercado laboral pero tampoco te abre las puertas a salarios altos debido a que se suelen desarrollar trabajos que cualquier persona puede desarrollar. Este perfil de persona sería el primero de los 4 en introducirse en el mercado laboral. Al no finalizar ningún tipo de estudio se entiende que su predisposición para entrar y obtener ingresos es anterior al resto de grupos. Vemos que se obtendrían ingresos antes que los otros grupos pero que su variación a lo largo del tiempo no es muy elevada.

Justo por encima de este perfil sin estudios podremos dibujar la curva de ingresos de las personas con estudios básicos. Este grupo o perfil de personas podría desarrollar algún tipo de tarea que el grupo anterior no sería capaz, por ello, optarían a un mayor nivel de ingresos y se retrasarían algo más que el primer grupo en entrar en el mercado laboral, por lo que tardarían un poco más en obtener ingresos. La variación a lo largo del tiempo tampoco sería muy pronunciada.

El tercer grupo de personas o perfil de ingresos vendría determinado por personas con estudios medios y/o superiores. Desarrollarían trabajos ya con algo de cualificación que los dos anteriores grupos no podrían desarrollar. Entrarían posteriormente al mercado laboral que los dos anteriores y optarían a puestos algo más especializados con lo que el nivel de ingresos también sería más elevado.

Por último, y con el nivel de ingresos superiores estarían los licenciados/doctorados con un perfil de formación elevado. Este grupo, debido a que prolongan su periodo de estudio entran más tarde al mercado laboral, pero lo harían en puestos especializados, en tareas que precisan de formación y titulación. La recompensa a este logro formativo es el mayor nivel de ingresos. Desarrollarían tareas de algo grado de especialización.

Podemos entender que la curva de capital financiero de estos 4 perfiles sería muy similar a la curva de capital humano. A mayor capacitación, mayor capital humano, y, por ende, mayor probabilidad de transformar este capital humano en capital financiero.

De forma muy simplista podríamos decir que a temprana edad tenemos que elegir cómo queremos vivir. Sin ser muy conscientes a los 15-16 años somos responsables con nuestras decisiones respecto a los estudios de los ingresos futuros que nos pueden deparar en función de nuestras capacidades y 'valor' de capital humano.

Estas 4 curvas de ingresos, en ningún caso, determinan el nivel de felicidad de los individuos. La felicidad viene determinada por otros factores. Solamente es una forma de explicar que a mayor capital humano mayor susceptibilidad de convertir ese capital humano en capital financiero. Tampoco, debemos obviar el capital social y relacional que nos debe acompañar a lo largo de nuestras vidas y que si afecta directamente a nuestra felicidad.

Tampoco hay que obviar que a mayor nivel de ingresos es más probable que se tenga una vida más estable y saneada en lo económico, además de un mayor nivel adquisitivo.

Ingresos

Entonces, vamos a observar por unos momentos la curva de ingresos que se producen en nuestra vida de modo genérico según el modelo de Modigliani.

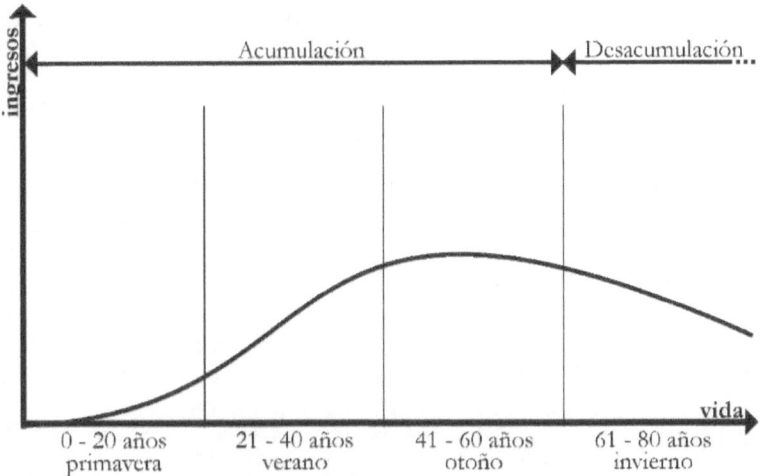

Lo normal es nacer y permanecer unos cuantos años sin tener ingresos de ningún tipo, puesto que hasta que no se tenga la edad de trabajar es difícil poder hacer un intercambio de tiempo por dinero.

Los primeros ingresos pueden estar más relacionados con los regalos y donaciones que nos hacen nuestros familiares para que vayamos ahorrando para el futuro. Muchas veces nuestros padres nos van acumulando un capital en una cuenta bancaria sin que nosotros lo sepamos. Esos serian básicamente los ingresos que tendríamos durante nuestros primeros 20 años. Está claro que, a partir de los 18 años, o incluso antes, podemos ya tener algún trabajo que nos proporcione ingresos. Eso es lo que se refleja en el gráfico en la estación de primavera.

En esta estación nuestro capital humano está en desarrollo y es en esta, y no en otra, donde más se recomienda puesto que tendremos más recorrido para sacarle provecho a lo largo de la vida. Hay que formarse.

En la estación de verano, nuestros ingresos se verán fuertemente incrementados debido a que seguramente finalizaremos estudios y nos adentraremos de pleno en el mercado laboral. Ahí, en función de nuestro capital humano vamos a ser capaces de hacer valer de mayor o menor forma nuestro tiempo. En esta estación nuestro capital humano puede haber tocado techo o puede que no. Depende única y exclusivamente de cada uno. Lo recomendable es que nunca se deje de aprender, aunque no solamente sea para tener un mayor valor en el mercado laboral.

En la estación de otoño, nuestros ingresos van a alcanzar su máximo para posteriormente ir disminuyendo. Esto se explica porque a esa edad uno llega al punto máximo de valor en cuanto a capital humano se refiere y porque es cuando uno ya empieza a planificar con más conciencia la jubilación. Quizá haya reducciones de jornada voluntarias, quizá ya no exista la inquietud interna de seguir creciendo, la conformidad del salario, etc.

En la estación de invierno, los ingresos van decayendo y eso se explica porque cuando uno se jubila, la pensión que cobra es inferior a los salarios que iba acumulando mensualmente. Quizá, y en función de la planificación financiera de cada individuo, esa pensión puede verse apoyada por algún tipo de plan privado de ahorros que complemente esa pensión y suavice la caída de los ingresos, pero entendemos que mayormente se da este caso y de esta forma.

En cuanto al capital humano en esta estación se tiende a pensar que también está en decrecimiento pero bien es cierto que en muchos casos es al revés. Por ejemplo, los médicos, a estas edades su conocimiento es mucho más elevado que en cualquier otra etapa, además, la experiencia que tienen es insustituible. Eso también pasa en otros oficios, pero la tendencia es a creer que el capital humano tiende a decrecer en esta estación hasta que uno se jubila.

Consumo

Partiendo de la curva de ingresos que se producen a lo largo de nuestra vida, vamos a introducir la gráfica del consumo en la misma.

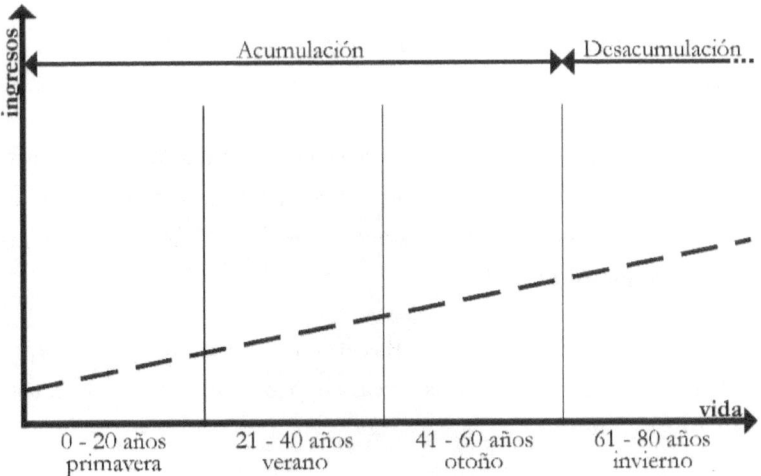

Desde que nacemos hacemos uso del gasto. A lo largo de la vida vamos incrementando el volumen de gasto al igual que lo hacen nuestros ingresos. Posteriormente, nuestros ingresos bajan tras alcanzar un máximo en el otoño, y luego nos jubilamos. Por el contrario, nuestros gastos son constantes debido a que a lo largo de nuestra vida vamos adquiriendo bienes y responsabilidades que necesitan de capital para cubrirse. En la última estación se elevan los gastos médicos y gastos para cuidados propios.

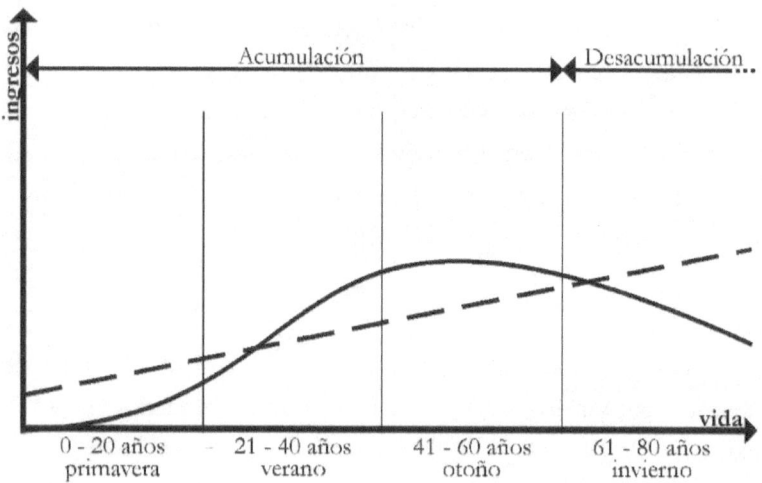

Cuando se inicia la jubilación, tenemos que hacer uso de nuestro ahorro.

La mayor capacidad de generar ahorro la tenemos en la estación de verano y otoño, por lo que nuestra calidad de vida en la jubilación provendrá, mayoritariamente de lo que hagamos en estas dos estaciones.

Otra opción es trabajar en conseguir mayores ingresos o que procedan de otras fuentes, como por ejemplo alquileres, dividendos, inversiones, etc.

Freud, Maslow y el DAFO

"La mayoría de la gente no quiere la libertad realmente, porque la libertad implica responsabilidad y la mayoría de la gente teme la responsabilidad"

Sigmund Freud

La metáfora del iceberg de Freud

La metáfora del iceberg de Freud es una metáfora a través de la cual se pretende mostrar y hacer ver la existencia de instancias o partes de nuestro aparato psíquico que no son accesibles directamente a nivel voluntario y consciente. La semejanza se produciría entre las diferentes partes o instancias de conciencia y la visión de un iceberg, masa de hielo que flota en el océano.

Esta metáfora no fue descrita en detalle por Sigmund Freud, sino por parte de sus seguidores e intelectuales interesados en el psicoanálisis, y especialmente por Stefan Zweig. Resulta una explicación bastante visual de las diferencias entre las instancias psíquicas o niveles de consciencia propuestas por Freud, las cuales a su vez sirven de base a otro de sus modelos.

Este modelo mencionado expone tres estructuras básicas que según Freud conforman nuestra personalidad: el "ello" o parte primitiva y pulsional que obedece al principio de placer, el "superyo" o parte censora derivada de lo social y aprendido y el "yo" o elemento que sublima los impulsos del ello a lo que resulta aceptable para la psique en base al principio de realidad.

Si nos centramos en la imagen de un iceberg visto desde tierra, únicamente solo somos capaces de ver la parte que sobresale del agua, y de vez en cuando podemos observar entre las aguas cómo emerge o se sumerge una pequeña área que se encuentra en el límite y contacta directamente con la superficie del agua.

Sin embargo, existe una gran parte, de hecho, por lo general mucho mayor que la visible, que se encuentra sumergida y a la que no tenemos acceso visualmente a menos que nos sumerjamos. Esta imagen sería directamente comparable y equivalente al funcionamiento de nuestra estructura psíquica, concretamente a nivel de identificar los niveles de consciencia.

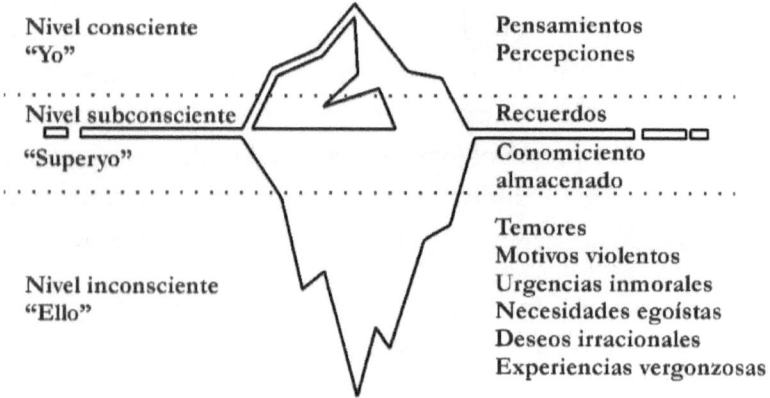

Nivel consciente – El "Yo"

La parte emergida del iceberg

Según las ideas de Freud, somos capaces de ver sólo una pequeña parte emergida que se corresponde con la actividad mental que podemos detectar directamente y de manera voluntaria, además de suponer un nexo entre el mundo externo y nuestros procesos mentales.

Estaríamos ante la instancia conocida como consciente, totalmente bajo nuestro control y en el que por lo tanto no existen mecanismos de defensa activos que los bloqueen. Sin embargo, en este elemento es donde nuestra energía interna psíquica está más contenida, dado que ejercemos un control directo de ellos.

Nivel subconsciente – El "Superyo"

El límite entre lo sumergido y lo emergido

También podemos encontrar una segunda instancia denominada preconsciente, la cual se correspondería con la parte del iceberg que se encuentra entre lo emergido y lo sumergido de tal manera que dependiendo del movimiento de las aguas y las circunstancias puede llegar a verse.

Es el conjunto de aquellos contenidos que por lo general no nos resultan identificables y que no podemos traer a nuestra conciencia a voluntad, pero que pueden emerger en nuestra psique de manera abrupta y cuando hacemos un gran esfuerzo para sacarlos a la luz. Según Freud, para ello deberemos vencer la existencia de mecanismos de defensa que reprimen estos contenidos a través de la selección o supresión.

Nivel inconsciente – El "Ello"

La gran masa sumergida

Por último, y tal vez la instancia más relevante para el psicoanálisis, se corresponde con la gran masa de hielo que permanece sumergida e invisible a quienes miran el iceberg desde la superficie, pero que sin embargo es básica para que pueda existir lo emergido.

Estamos hablando del concepto de inconsciente, que incluiría todo el conjunto de pulsiones, impulsos, deseos, instintos primarios o incluso recuerdos reprimidos, que se mueve por el principio de placer y que permanecen ocultos a nuestra consciencia salvo en la medida en que llegan a establecer una solución de compromiso para hacerse aceptables para el aparato psíquico.

Lo inconsciente sería nuestra parte más primaria, pura y natural, en la que la energía psíquica se mueve con total libertad. También sería la más intensa y la que más marca nuestra manera de ser y la dirección a seguir en la vida, pero se encuentra fuertemente reprimida y censurada por diversos mecanismos de defensa al ser dichos contenidos inaceptables.

El iceberg en las estaciones de la vida

A medida que somos más conscientes de que el invierno puede ser muy frio nos damos cuenta de que debemos ahorrar. En la estación de primavera es difícil ser consciente de este hecho por lo que raramente se va a producir un ahorro directo para esta estación, más bien se ahorrará para la misma estación o para el verano. En la reconstrucción de todos los hechos que nos ocurren en la vida, la compra de una casa antecede a la jubilación, por lo que el ahorro que se produzca irá destinado a este menester o en la compra de un auto.

En la medida que el tiempo pasa, vamos alimentando nuestra parte preconsciente con nuestras experiencias. Poder alimentar conscientemente e intentar hacer un buen uso de la parte preconsciente de nuestra mente puede aportarnos beneficios en tanto que no lo haga de forma no deseada.

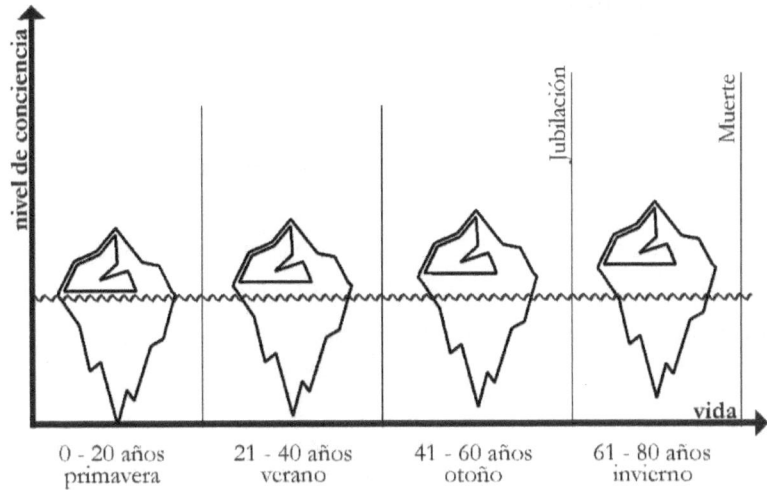

El nivel de flotabilidad del iceberg es diferente en cada estación de nuestra vida. En cada estación tenemos diferentes niveles de conciencia, subconciencia e inconciencia.

Es normal tomar mayor conciencia con el paso de los años fruto de experiencias y necesidades de cada estación. Lo recomendable es trabajar en ello y alimentar nuestro subconsciente con mensajes e información que nos permita alcanzar nuestras metas y objetivos. Fomentar el crecimiento personal y la toma de (auto)conciencia. Que la cosa no se hunda.

La pirámide de Maslow

La pirámide de Maslow, o jerarquía de las necesidades humanas, es una teoría psicológica propuesta por Abraham Maslow en su obra "Una teoría sobre la motivación humana" de 1943, que posteriormente amplió. Obtuvo una importante notoriedad, no sólo en el campo de la psicología sino en el ámbito empresarial del marketing o la publicidad.

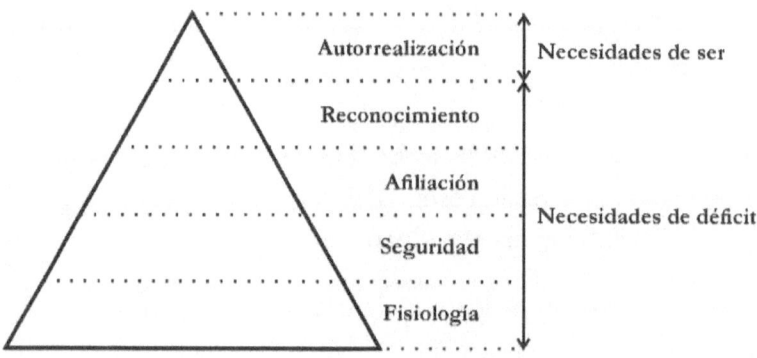

Maslow formula en su teoría una jerarquía de necesidades humanas y defiende que conforme se satisfacen las necesidades más básicas (parte inferior de la pirámide), los seres humanos desarrollan necesidades y deseos más elevados (parte superior de la pirámide).

Jerarquía de necesidades

La escala de las necesidades se describe como una pirámide de cinco niveles: los cuatro primeros niveles pueden ser agrupados como 'necesidades de déficit' (primordiales); al nivel superior lo denominó autorrealización, motivación de crecimiento, o necesidad de ser.

La idea básica es: sólo se atienden necesidades superiores cuando se han satisfecho las necesidades inferiores, es decir, todos aspiramos a satisfacer necesidades superiores. Las fuerzas de crecimiento dan lugar a un movimiento ascendente en la jerarquía, mientras que las fuerzas regresivas empujan las necesidades prepotentes hacia abajo en la jerarquía. Veamos cuales son los tipos de necesidades según la pirámide de Maslow.

Necesidades básicas – Fisiología

Son necesidades fisiológicas básicas para mantener la la supervivencia:

- Necesidad de respirar, hidratarse y alimentarse,
- Necesidad de descansar y eliminar los desechos corporales,
- Necesidad de evitar el dolor,
- Necesidad de mantener la temperatura corporal, en un ambiente cálido o con vestimenta.

Necesidades de seguridad y protección – Seguridad

Surgen cuando las necesidades fisiológicas están satisfechas. Se refieren a sentirse seguro y protegido:
- Seguridad física y de salud,
- Necesidad de seguridad de recursos (casa, dinero, automóvil, etc.),
- Necesidad de vivienda (protección).

Necesidades sociales – Afiliación

Son las relacionadas con nuestra naturaleza social:
- Función de relación (amistad, pareja, colegas o familia),
- Aceptación social.

Necesidades de estima – Reconocimiento

Maslow describió dos tipos de necesidades de estima, un alta y otra baja:
- La estima alta concierne a la necesidad del respeto a uno mismo, e incluye sentimientos tales como confianza, competencia, maestría, logros, independencia y libertad,
- La estima baja concierne al respeto de las demás personas: la necesidad de atención, aprecio, reconocimiento, reputación, estatus, dignidad, fama, gloria, e incluso dominio.

La merma de estas necesidades se refleja en una baja autoestima e ideas de inferioridad. El tener satisfecha esta necesidad apoya el sentido de vida y la valoración como individuo y profesional, que tranquilamente puede escalonar y avanzar hacia la necesidad de la autorrealización.

La necesidad de autoestima es la necesidad del equilibrio en el ser humano, dado que se constituye en el pilar fundamental para que el individuo se convierta en una persona de éxito que siempre ha soñado, o en un ser humano abocado hacia el fracaso, la cual no puede lograr nada por sus propios medios.

Necesidad de autorrealización – Autorrealización

Este último nivel es algo diferente y Maslow utilizó varios términos para denominarlo: motivación de crecimiento, necesidad de ser y autorrealización.

Es la necesidad psicológica más elevada del ser humano, se halla en la cima de las jerarquías, y es a través de su satisfacción que se encuentra una justificación o un sentido válido a la vida mediante el desarrollo potencial de una actividad. Se llega a ésta cuando todos los niveles anteriores han sido alcanzados y completados, o al menos, hasta cierto punto.

Personas autorrealizadas

Maslow consideró autorrealizados a un grupo de personajes históricos que estimaba cumplían dichos criterios: Abraham Lincoln, Thomas Jefferson, Mahatma Gandhi, Albert Einstein, Eleanor Roosevelt, William James, entre otros.

Maslow dedujo de sus biografías, escritos y actividades una serie de cualidades similares. Estimaba que eran personas:

- Centradas en la realidad, que sabían diferenciar lo falso o ficticio de lo real y genuino,
- Centradas en los problemas, que enfrentan los problemas en virtud de sus soluciones,
- Con una percepción diferente de los significados y los fines.

En sus relaciones con los demás, eran personas:

- Con necesidad de privacidad, sintiéndose cómodos en esta situación,
- Independientes de la cultura y el entorno dominante, basándose más en experiencias y juicios propios,
- Resistentes a la enculturación, pues no eran susceptibles a la presión social; eran inconformistas,
- Con sentido del humor no hostil, prefiriendo bromas de sí mismos o de la condición humana,

- Buena aceptación de sí mismos y de los demás, tal como eran, no pretenciosos ni artificiales,
- Frescura en la apreciación, creativos, inventivos y originales,
- Con tendencia a vivir con más intensidad las experiencias que el resto de la humanidad.

Metanecesidades y metapatologías

Maslow también aborda de otra forma la problemática de lo que es autorrealización, hablando de las necesidades impulsivas, y comenta lo que se necesitaba para ser feliz: verdad, bondad, belleza, unidad, integridad y trascendencia de los opuestos, vitalidad, singularidad, perfección y necesidad, realización, justicia y orden, simplicidad, riqueza ambiental, fortaleza, sentido lúdico, autosuficiencia, y búsqueda de lo significativo.

Cuando no se colman las necesidades de autorrealización, surgen las metapatologías, cuya lista es complementaria y tan extensa como la de metanecesidades. Aflora entonces cierto grado de cinismo, los disgustos, la depresión, la invalidez emocional y la alienación.

Características generales de la teoría de Maslow

- Sólo las necesidades no satisfechas influyen en el comportamiento de todas las personas, pues la necesidad satisfecha no genera comportamiento alguno.
- Las necesidades fisiológicas nacen con la persona, el resto de las necesidades surgen con el transcurso del tiempo.
- A medida que la persona logra controlar sus necesidades básicas aparecen gradualmente necesidades de orden superior; no todos los

individuos sienten necesidades de autorrealización, debido a que es una conquista individual.

- Las necesidades más elevadas no surgen en la medida en que las más bajas van siendo satisfechas. Pueden ser concomitantes pero las básicas predominarán sobre las superiores.
- Las necesidades básicas requieren para su satisfacción un ciclo motivador relativamente corto, en contraposición, las necesidades superiores requieren de un ciclo más largo.

Ciclo de proceso

Maslow definió en su pirámide las necesidades básicas del individuo de una manera jerárquica, colocando las necesidades más básicas o simples en la base de la pirámide y las más relevantes o fundamentales en la cima de esta, a medida que las necesidades van siendo satisfechas o logradas surgen otras de un nivel superior o mejor. En la última fase se encuentra con la «autorrealización» que no es más que un nivel de plena felicidad, armonía y amor.

La pirámide de necesidades en las estaciones de la vida

Si bien es cierto que la estructura de las necesidades en cada estación cambia, por ende, lo hace nuestro consumo. Es decir, las necesidades en cada estación marcarán como las satisfacemos con el acceso al consumo.

A mayores necesidades fisiológicas, mayor consumo o propensión al mismo.

En cada estación tendremos una composición distinta en la base de la pirámide.

Si recordamos cuando hablábamos del capital financiero, decíamos que los diferentes capitales humanos tenían diferentes capacidades para la generación de ingresos.

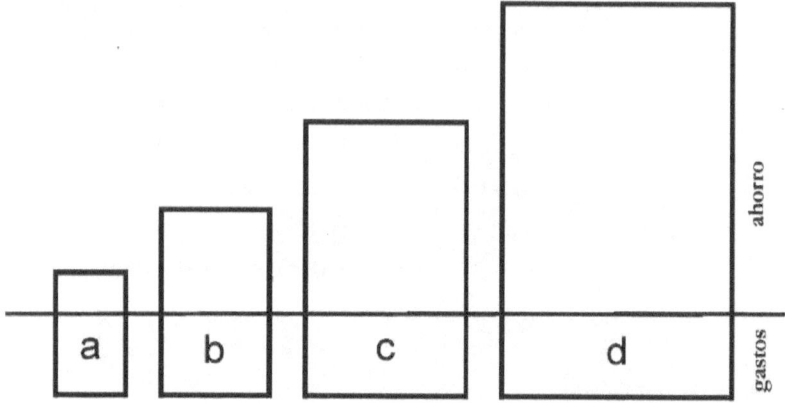

Considerábamos que, a mayor capital humano, mayor capacidad de generación de ingresos. Esto también viene determinado en cómo se generan los ingresos y no tanto del capital humano de cada individuo, pero lo veremos en el siguiente capítulo.

La idea es que en función de los ingresos podremos satisfacer o hacer frente a las necesidades de diferente manera.

Es decir, se presupone que personas con elevados ingresos pueden cubrir más fácilmente, más rápido o con más comodidad los dos primeros niveles de la pirámide.

Los individuos con ingresos bajos normalmente deben destinar mucho tiempo en la consecución de ese ingreso, porque tienen poco margen de tiempo para otros menesteres. Por el contrario, los individuos con ingresos elevados suelen disponer de más tiempo. Se resume en que: cuanto menos dinero tienes, menos tiempo tienes para generar más ingresos; y, por el contrario, cuanto más dinero tienes, más tiempo tienes para generar más ingresos.

El análisis DAFO

A lo largo de nuestras vidas se producen oportunidades que nunca sabes si van a volver a repetirse. Independientemente de nuestra edad, las oportunidades vienen y se van. Lo importante en este caso, es saber elegir cuales son las mejores y en qué tiempo escogerlas.

Para poder determinar nuestra dirección a través de esta bolsa de tiempo que denominamos vida, se puede realizar un análisis que nos permita conocer nuestras debilidades (D), amenazas (A), fortalezas (F) y oportunidades (O). Si tomamos las siglas de estas palabras, se forma la denominación de este análisis, llamado DAFO o FODA.

Tomar conciencia en cada momento de estos factores que definen nuestra situación actual, nos permite construir nuestro futuro y edificar nuestro proyecto de vida.

Esta herramienta nos otorga enfoque, dirección, energía y creatividad. Nos permite sobrevivir, crecer, avanzar y dominar este mundo competitivo.

Tomar conciencia, nos permitirá desarrollar talentos y habilidades, nos ayudará a superar debilidades, nos preparará para enfrentar las amenazas y nos guiará para aprovechar las oportunidades que nuestro entorno nos brinda.

Debilidades	**Amenazas**
Fortalezas	**Oportunidades**

En qué consiste este análisis

Una técnica para realizar este análisis consiste en realizar una matriz donde se establecen los términos que vamos a evaluar. En nuestro caso son Debilidades, Oportunidades, Fortalezas y Amenazas.

Este análisis sirve para cualquier área de desarrollo personal o empresarial. En nuestro caso, nos proponemos a realizarlo de nuestra economía y estilo de vida.

D: ¿Qué puedes mejorar?, ¿Tienes menos ventajas que otros?

A: ¿Qué te podría distraer? ¿Qué hace tu competencia?

F: ¿En qué eres bueno? ¿Tienes algo que te diferencie?

O: ¿Qué oportunidades tienes a tu alcance? ¿De qué tendencias te puedes beneficiar?

	Puntos débiles	Puntos fuertes
Origen interno	**Debilidades**	**Fortalezas**
Origen externo	**Amenazas**	**Oportunidades**

Vamos a definir los términos para saber dónde debemos registrar los factores del análisis.

- Fortalezas.
  - o Fuerzas internas que apoyan el desarrollo y crecimiento. Son fuente de energía que impulsa y sostiene el cumplimiento de objetivos.
- Oportunidades.
  - o Elementos externos que nos permiten llenar vacíos, diferenciarse y sacar el máximo beneficio con apoyo de nuestras fortalezas.
- Debilidades.
  - o Limitaciones, resistencias y/o factores internos que limitan nuestro desarrollo. Estas debilidades son susceptibles de mejora incluso para convertirlas en fortalezas. Son oportunidades disfrazadas.
- Amenazas.
  - o Elementos externos que nos desestabilizan temporalmente y sobre los que no tenemos control. En algunas ocasiones las podemos anticipar o prever. Esto nos permite tomar acción para mitigar su impacto.

Analizar nuestra vida en base a estos factores nos permite mejorar y ampliar nuestros recursos y talentos, superar debilidades, aprovechar oportunidades y minimizar las amenazas con el propósito de avanzar en el proyecto personal.

Con esto, tomamos conciencia de los recursos que tenemos disponibles para enfrentar y avanzar hacia el logro de nuestras metas y objetivos, desarrollando un plan de vida completo, coherente y realizable.

Cuadrante de flujo de dinero Robert Kiyosaki

"Las excusas son muy baratas, por eso los pobres tienen tantas"

Robert Kiyosaki

El cuadrante del flujo del dinero analiza los patrones mentales y de ingresos de las personas ricas y de la clase media, que según Robert Kiyosaki son totalmente opuestas. La pregunta es ¿Por qué existen millones de personas que viven al día con su dinero y otras que viven en la abundancia gracias a su conocimiento sobre el funcionamiento del dinero?

Según Robert Kiyosaki existen cuatro mentalidades que se traducen en formas de ganar dinero. Estas cuatro formas las describe en un esquema con forma de eje cartesiano con cuatro cuadrantes: Empleado (E), Autoempleado (A), Dueño de negocios (D) e Inversionista (I). Todas las personas estamos obligatoriamente en alguno de estos cuatro cuadrantes.

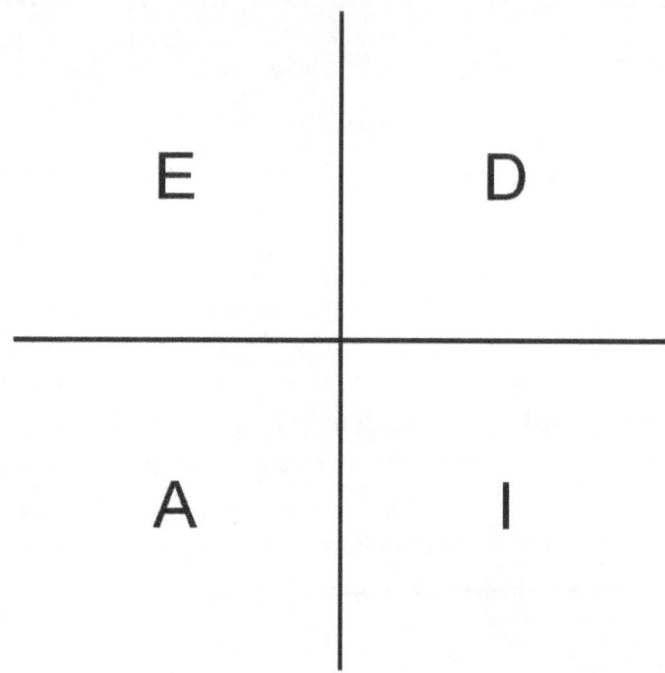

Por tanto, el cuadrante del flujo de dinero representa las diferentes formas por las que se pueden generar ingresos. Por ejemplo, un E gana dinero en forma de salario trabajando para otra persona, mientras que un A lo gana trabajando para sí mismo. Ambos se encuentran en el lado izquierdo del cuadrante. En este lado, la mayoría son pobres o clase media.

Mientras tanto, un D tiene una empresa en posesión que le genera dinero y un I gana el dinero gracias a sus inversiones, es decir, pone al dinero a trabajar para él. Ambos están en el lado derecho del cuadrante, que según Kiyosaki es el de los ricos.

El lado izquierdo del cuadrante

Como hemos visto, el lado izquierdo del cuadrante lo forman los E y los A. Los primeros son personas que buscan la seguridad por encima del riesgo y de la riqueza. Por esta razón, prefieren tener un salario seguro trabajando para una empresa en lugar de arriesgarse a emprender y trabajar para sí mismos y perder esa seguridad que les proporciona el ingreso puntual de su nómina.

Para los E la seguridad es más importante que el dinero en sí mismo y, por ello, anteponen la certidumbre a la posible consecución de unos ingresos muy superiores. Como te imaginas, la mayoría de las personas se encuentran en este primer cuadrante.

Los A, mientras tanto, son personas que desean ser su propio jefe o hacer las cosas a su forma, sin depender de un superior que les indique qué hacer o qué no hacer en materia laboral. Perciben la incertidumbre de forma diferente y valoran el hecho de ser ellos mismos los que determinan el precio de su trabajo.

Los A son perfeccionistas y creen que nadie va a hacer el trabajo mejor que ellos. En este grupo podemos encontrar a médicos, abogados, economistas o arquitectos, por ejemplo. Para un A es más importante la libertad que el dinero, aunque ello les suponga trabajar muy duro sin delegar funciones, ya que no confían en que otras personas puedan hacer el trabajo igual de bien que ellos.

El lado izquierdo del cuadrante lo forman los E y los A. En este lado del cuadrante se encuentra el 97% de la población mundial que a su vez posee el 3% del dinero.

El tipo de ingreso que se obtiene en este lado del cuadrante es lineal. El empleado intercambia su tiempo y esfuerzo por dinero.

El lado derecho del cuadrante

En el lado derecho del cuadrante encontramos a los D y a los I. Los D son lo opuesto a los A. Al contrario que estos últimos, prefieren rodearse de gente muy inteligente, más incluso que ellos mismos, para que sean estos los que gestionen su negocio. El D delega su trabajo y simplemente supervisa. Henry Ford es un D por definición.

Un verdadero D podría abandonar su negocio durante un año o más y marcharse de vacaciones. Al regresar encontrará su negocio en mejor situación financiera que cuando lo dejó. El D es, por tanto, el dueño de un sistema que contrata a personas inteligentes y cualificadas de los cuatro cuadrantes para que trabajen para él.

Por último, en el lado derecho del cuadrante también encontramos al I. El inversionista gana dinero con el dinero y no tiene necesidad de trabajar porque su dinero ya está trabajando para él. Es el lugar en el que se encuentran los más ricos. Los millonarios acaban necesariamente en este cuadrante, despreocupados por trabajar y concentrados en hacer crecer sus inversiones.

El lado derecho del cuadrante lo forman los D y los I. en este lado del cuadrante se encuentra el 3% de la población mundial y posee el 97% del dinero.

El tipo de ingreso que se obtiene en este lado es residual. Es la diferencia de ingresos y gastos, no tiempo por dinero.

La libertad financiera está en el lado derecho

La gente que vive en el lado izquierdo del cuadrante lo hace al límite. Se puede ser un E o un A exitosos, tener un trabajo bien remunerado, comprar una casa al contado, tener un buen coche e ir de vacaciones un par de veces al año, pero ¿cuánto tiempo podrán vivir con sus ahorros estas personas si dejasen de trabajar?

En el lado derecho del cuadrante, mientras tanto, hay abundancia y no se da este problema. Por esta razón, Kiyosaki invita a las personas a desplazarse del lado izquierdo al lado derecho del cuadrante.

LADO IZQUIERDO	LADO DERECHO
E **Empleado**	**D** **Dueño de negocio**
Intercambia tiempo por dinero.	Tiene un sistema.
Si no trabaja no cobra.	Invierte dinero en montar y mantener su negocio.
Un empleo no es un activo porque no se puede vender y tampoco se puede heredar.	Su tiempo es flexible porque tiene otras personas trabajando para él.
Con el tiempo los empleos son cada vez más inestables.	Es un activo vendible y heredable.
A **Autónomo**	**I** **Inversionista**
Los ingresos dependen del tiempo que destines.	El dinero trabaja para él generando ingresos que no dependen de su tiempo ni de su esfuerzo.
Es más flexible que un empleo, pero igualmente se intercambia tiempo por dinero.	Disfruta de ingresos residuales (diferencia ingresos y costes).
Precisa de la presencia del autónomo.	El dinero es un activo y es heredable.
En el lado izquierdo del cuadrante se encuentra el 97% de la población mundial y posee el 3% del dinero	En el lado derecho del cuadrante se encuentra el 3% de la población mundial y posee el 97 del dinero
Tipo de ingreso: Lineal	Tipo de ingreso: Residual

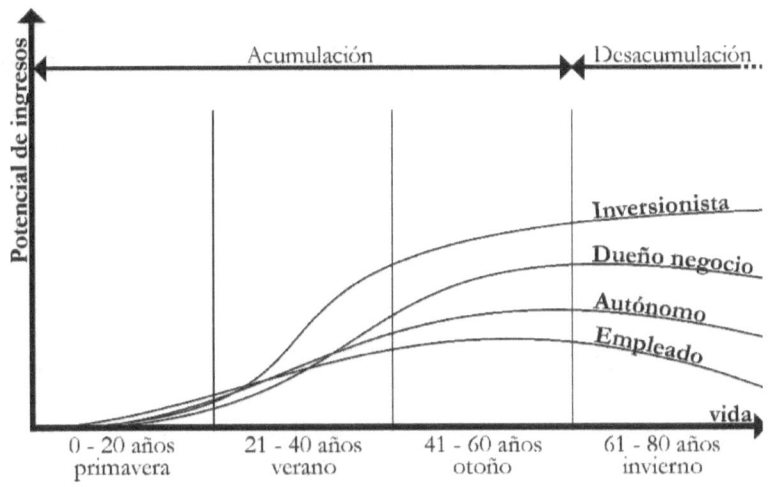

El cuadrante del flujo en las estaciones de la vida

En nuestro caso, venimos adaptando cada uno de los conceptos que vamos desarrollando en las 4 grandes estaciones de nuestra vida. Cabría hacer la reflexión de adaptar el cuadrante del flujo del dinero a estas 4 estaciones.

Durante la primavera, y para empezar a gestionar nuestro capital y participar en el mercado, nos encuadraríamos en el cuadrante E de empleado. En el verano de nuestra vida, tendríamos que pasar a ser A, autoempleado, que sería dar un paso más y ganar algo de autocontrol. En otoño, tendríamos que gestionar mejor nuestra energía y pasar a ser dueño de un negocio D en forma de empresario. Habremos pasado por las diferentes etapas o tipo de persona según Robert K para finalmente convertirnos en I, inversor durante la estación de invierno.

Esta puede ser una forma lineal de clasificar lo que Robert Kiyosaki hace en su obra con el cuadrante del flujo del dinero. Aquí solamente lo trasladamos a lo que son las estaciones de la vida. Puede ser un buen plan para el establecimiento de objetivos en la vida profesional de cada individuo. Además, así como Robert indica, el objetivo individual de cada uno debe ser el de llegar a ser empresario e inversionista puesto que son los dos mejores estados del cuadrante y los que nos ofrecen mayor libertad.

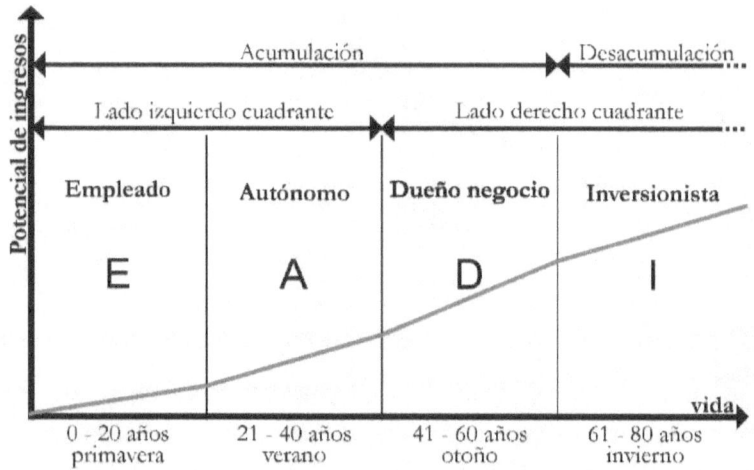

El patrón de ingreso determina la curva de ingresos potenciales en el gráfico. Cada patrón del cuadrante tiene sus debilidades, amenazas, fortalezas y oportunidades (DAFO).

No es para nada fácil llegar a ser un I y serlo de forma sostenida. Hay que aprender mucho y tener ese patrón en nuestra mentalidad.

La educación formal nos prepara para ser E. El D y el I se aprenden.

Ser D o I en la etapa de jubilación tiene un aliciente extra que el lado izquierdo del cuadrante no tiene, y es que los ingresos no tienen por qué descender.

El endeudamiento

"Si yo te debo una libra, tengo un problema;
pero si te debo un millón, el problema es tuyo"

Johh Maynard Keynes

La deuda

La deuda (del latín debĭta, «lo que se debe a alguien») es un compromiso de pago obligado entre dos entidades (persona, grupo, empresa, Estado). La palabra deuda se emplea esencialmente para devolver dinero, es decir, deuda económica, pero una deuda es también un concepto moral.

Ciertas deudas morales son imposibles de cuantificar o de reembolsar, por ejemplo, cuando una persona salva la vida de otra persona. Las deudas juegan un rol central en la organización de las actividades humanas, sobre todo económicas.

Generalmente, una deuda permite una inversión que transforma el tejido productivo, generando mejoras para la producción. Por ejemplo, un Estado puede endeudarse para construir infraestructuras tales como carreteras, que a su vez van a favorecer las comunicaciones y la economía. O sencillamente, un campesino puede pedir la ayuda de sus vecinos para trabajar una tierra, que podrá entonces fructificar y dar beneficios.

Hoy, el sistema bancario es un puntal esencial de la economía de mercado. La deuda no es sino un medio para controlar la macroeconomía y la tasa monetaria, un instrumento en función de varios índices: el crecimiento económico, la inflación o el desempleo de un país. Con el fin de asegurar la confianza de los diferentes agentes económicos, las deudas están reguladas por la ley.

Las deudas de una persona, de una empresa, de un país o de una institución son el conjunto de los préstamos que tendrá que reembolsar.

Capacidad de endeudamiento financiero

Son muchas las personas que no se detienen a pensar cuánto es lo que gastan mensualmente y, por lo tanto, no hacen una adecuada administración de sus ingresos. A pesar de ello, la mayoría se arriesga a solicitar préstamos sin antes considerar cuánto de su presupuesto van a destinar al pago de la deuda y cuánto necesitan para seguir cubriendo sus gastos del mes. ¿Cómo saber hasta cuánto uno puede endeudarse?

Antes de solicitar cualquier crédito o préstamo financiero, hay que tener en cuenta cuál es nuestra capacidad de endeudamiento. Es decir, hay que saber cuánto es lo máximo que podemos pagar. La capacidad de pago es un factor clave para determinar la posibilidad de cubrir deudas a corto plazo y, además, es un dato fundamental que la entidad financiera va a considerar antes de desembolsar un préstamo, pero la entidad manejará otros factores e información para asegurarse el reembolso del crédito, por lo que no lo dejes todo a decisión de la entidad financiera. Tus pasivos financieros son los activos de los bancos.

¿Qué es la capacidad de endeudamiento?

La capacidad de endeudamiento es el capital máximo por el que una persona se puede endeudar sin poner en peligro su integridad financiera. Los expertos calculan que el límite de capacidad de endeudamiento es entre un 35% y 40% de los ingresos netos mensuales. Es decir, el resultado de la resta de los ingresos totales y los gastos fijos en un mes.

Una forma de conocer con exactitud nuestra capacidad de pago es saber cuáles son todos los ingresos y gastos fijos que tenemos cada mes. Entre los gastos fijos se puede considerar el alquiler o crédito hipotecario, alimentación, transporte, educación, entre otros. También pueden existir gastos variables como vacaciones, entretenimiento, regalos o aspectos extras como fechas especiales que pueden ser considerados.

Una vez que se conocen los importes, se restan los gastos de los ingresos. El resultado se multiplica por el 40% y la cifra que queda representa el importe que se puede destinar a una deuda. En términos matemáticos, la fórmula sería la siguiente:

Capacidad de Endeudamiento = (Ingresos Mensuales – Gastos Fijos) x 0,40

Hemos visto un ejemplo anteriormente en el apartado de cómo pedir una hipoteca con cabeza, considerando únicamente el 30% de los ingresos.

Considerar qué porcentaje de nuestros ingresos mensuales se pueden destinar al pago de las cuotas de un préstamo es importante para no endeudarnos por encima de nuestras posibilidades y forma parte de nuestra educación financiera.

En el caso de que una persona pague mensualmente por un crédito sin llegar a cubrir el importe máximo de su capacidad de endeudamiento, no es recomendable pensar en pedir otro préstamo ya que, estaríamos en un escenario de incremento de deuda. Si ya se tiene una obligación financiera, lo ideal es amortizar esa deuda antes de juntar cuotas de créditos.

Es importante calcular al detalle nuestros ingresos y gastos mensuales para poder cumplir con las obligaciones financieras y establecer estrategias que ayuden a disminuir gastos. Esto conlleva a tener presente nuestra capacidad de endeudamiento. Hay que considerar que adquirir una deuda que no podemos pagar puede afectarnos no solo económicamente, sino también en nuestras relaciones personales, nuestra tranquilidad e incluso puede tener repercusiones en la salud. Estar bien informado en materia financiera es esencial.

También hay que considerar si se trata de deuda buena o deuda mala. Si es una deuda productiva, es beneficiosa, tanto para nuestros ingresos como para nuestra capacidad de endeudamiento. Las entidades financieras también valoran el destino de la deuda que solicitamos. El endeudamiento para bienes productivos tiene un perfil totalmente diferente del endeudamiento por consumo de bienes, como puede ser un coche, viajes, etc.

Préstamo

1. m. Acción y efecto de prestar. Entregar algo a alguien para que lo devuelva.
2. m. Cantidad de dinero que se solicita, generalmente a una institución financiera, con la obligación de devolverlo con un interés.
3. m. Contrato mediante el cual un particular se obliga a devolver el dinero que le ha sido prestado.

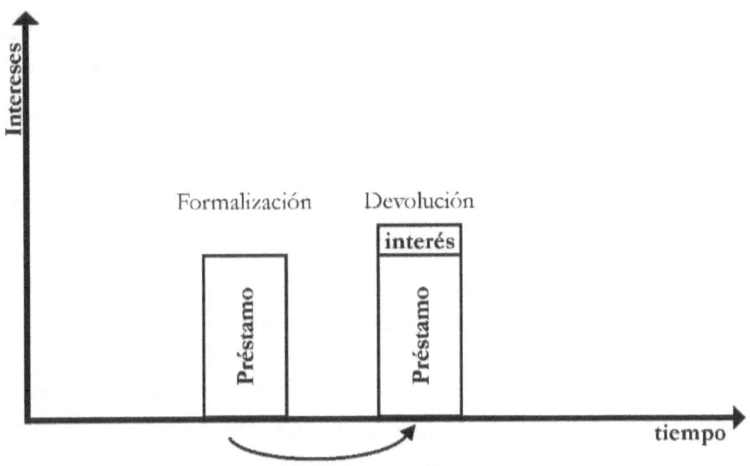

Podemos definirlo como una operación financiera en la que una persona (el acreedor) realiza un préstamo por una cantidad determinada de dinero a otra persona (el deudor) y en la que este último, se compromete a devolver la cantidad solicitada (además del pago de los intereses devengados, seguros y costes asociados si los hubiere) en el tiempo o plazo definido, de acuerdo con las condiciones establecidas para dicho préstamo.

Tipos de deuda según R. Kiyosaki

La deuda en sí no es ni buena ni mala sino un mecanismo que nos permite comprar y/o consumir bienes y servicios, aunque no tengamos todo el dinero que cuesta. Pero la clasificación de Kiyosaki es fundamental para alcanzar la libertad financiera.

Diferencia entre deuda buena y deuda mala

La deuda mala sería aquélla que hace que cada vez tengas menos dinero, que te hace más pobre, mientras que la deuda buena sería aquélla que hace que cada vez tengas más dinero, que seas más rico. ¿Cómo es esto posible?

Pongamos un ejemplo para que sea más fácil entenderlo: Imagínate que quieres comprarte un apartamento en la playa y pides una hipoteca. Esa hipoteca será deuda mala si te compras el apartamento porque te apetece ir de vez en cuando al apartamento. Porque cada mes tendrás que pagar la hipoteca, los gastos de comunidad, el seguro, la luz, el gas, el agua... Comprando el apartamento, cada mes tienes menos dinero disponible que si no lo hubieses comprado.

Sin embargo, imagínate que te compras el apartamento en la playa para alquilarlo a turistas y que, cada mes, ganas más dinero que lo que te cuesta mantener el apartamento. En ese caso, la hipoteca será deuda buena porque comprando el apartamento tienes más dinero que si no lo compras. Eres más rico. Endeudarte te ha servido para generar más ingresos.

Fijaros que la diferencia entre deuda mala o deuda buena es subjetiva ya que la misma deuda será buena o mala dependiendo del uso que se le dé a lo que compres con la deuda. Puede ser un activo o un pasivo según su destino y rendimiento económico.

Incluso, para una misma persona una deuda puede ser buena o mala dependiendo del momento. Siguiendo con el ejemplo anterior, la hipoteca para comprar el apartamento puede ser deuda mala si te lo compras para uso propio y pasar a ser deuda buena si decides posteriormente poner el apartamento en alquiler. Como ves, lo importante no es tener dinero sino lo que se hace con él.

Convertimos un pasivo en un activo. Lo que antes nos quitaba dinero de forma sistemática, ahora nos lo aporta.

La deuda buena es generadora de oportunidades.

La deuda mala incrementa nuestras debilidades acrecentando el riesgo de amenazas.

Deuda mala a evitar a toda costa

Hay algunos casos que claramente se pueden identificar siempre como deuda mala desde el punto de vista financiero: la deuda en la que incurres para comprarte un coche o una moto (salvo que necesites el coche o la moto para trabajar), para comprarte una tele o un electrodoméstico, pagar viajes, …

Y la peor deuda de todas es la que se incurre mediante las tarjetas de crédito que automáticamente convierten cada operación en un microcrédito. Veamos el porqué.

Lo normal es que cuando pagas con tarjeta de crédito, lo que ocurre por defecto es que el banco te carga esa cantidad al mes siguiente. Eso no es deuda, sino un mero aplazamiento de pago y no tiene nada de malo siempre y cuando tengas para pagar cuando toque. Si no tuvieses dinero para pagar, en la fecha de pago tendrás un descubierto en cuenta que creará una deuda tóxica ya que los bancos te van a cargar un tipo de interés prohibitivo.

La situación es incluso más grave en otros países (como Estados Unidos, Irlanda o Reino Unido) en los que, cuando pagas con tarjeta de crédito, dicho pago se convierte automáticamente en una deuda a pagar en 3, 6 o 12 meses con un tipo de interés extraordinariamente alto. Por cierto, esta opción también está disponible en España si la solicitas a tu banco. Pero este tipo de deuda debería estar absolutamente prohibida si quieres mejorar tu situación financiera. Evita este tipo de tarjetas llamadas *revolving*. El interés de este tipo de tarjeta ha sido declarada de usura y hay cambios al menos en España.

Sistemas de amortización de préstamos más comunes

Un sistema de amortización es el proceso por el cual se van saldando de las deudas. Normalmente se fijan unos pagos recurrentes y periódicos que suelen ser del mismo importe, pero también pueden ser diferentes según el sistema.

Lo normal es que con cada pago se haga frente tanto a intereses del préstamo como a deuda, que se va reduciendo con cada pago.

Cuando solicitamos un préstamo deberemos conocer lo siguiente:

1. El capital que nos van a prestar.
2. El término amortizativo, que serán los plazos a los que tendremos que hacer frente para devolverlo, dentro de esto encontraremos los intereses de cada plazo más parte del capital prestado.
3. Sistema por el cual se va a regir.

Esto es lo que nos debe facilitar la entidad con la que lo contratamos. También nos debe informar en cada caso del capital vivo, es decir, la deuda pendiente tras el pago de un término amortizativo cualquiera, y del capital amortizado, que corresponde al capital ya devuelto. Esto viene detallado en el cuadro de amortización.

A continuación, veremos las modalidades más comunes de amortización, principalmente son tres: el sistema alemán, el sistema francés y el sistema americano.

Sistema de amortización francés

El sistema de amortización francés es el más utilizado en España, sobre todo de cara a la regularización de préstamos hipotecarios. Este sistema consiste en la amortización de la renta por medio de cuotas de tipo mensual. Su principal característica es el hecho de que existe una cuota de amortización constante.

Para que entendamos este sistema debemos comprender que la amortización del crédito se amortiza de manera creciente mientras que la de los intereses es decreciente. Es decir, que durante los primeros años de préstamo abonaremos principalmente intereses y poco préstamo. De ahí que los bancos suelan añadir una penalización para aquellas personas que desean amortizar préstamo al principio.

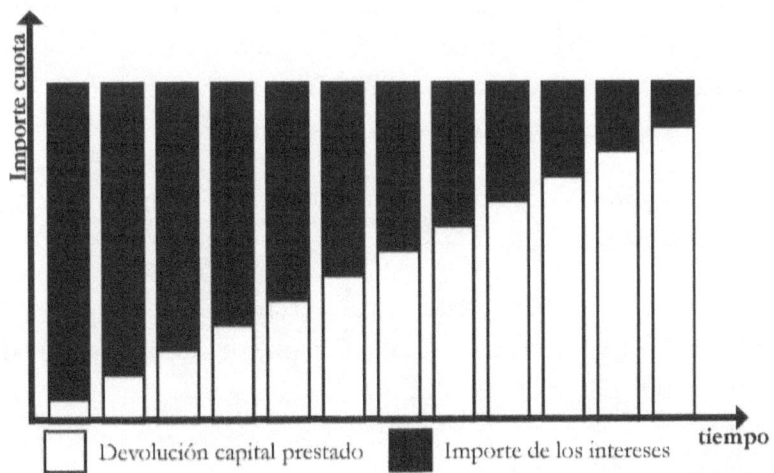

Esta característica forma de amortización hace que el sistema de amortización francés también sea conocido como sistema de amortización progresivo.

Préstamo	10.000,00	Interés nominal	3%
Meses	12	Cuota	846,75

Período	Mensualidad	Intereses	Amortización	Capital vivo	Cap. Amortizado
0				10.000,00	
1	846,75	24,66	822,09	9.177,91	822,09
2	846,75	22,64	824,12	8.353,79	1.646,21
3	846,75	20,60	826,15	7.527,64	2.472,36
4	846,75	18,57	828,19	6.699,46	3.300,54
5	846,75	16,52	830,23	5.869,23	4.130,77
6	846,75	14,48	832,28	5.036,95	4.963,05
7	846,75	12,42	834,33	4.202,62	5.797,38
8	846,75	10,36	836,39	3.366,23	6.633,77
9	846,75	8,30	838,45	2.527,78	7.472,22
10	846,75	6,23	840,52	1.687,26	8.312,74
11	846,75	4,16	842,59	844,67	9.155,33
12	846,75	2,08	844,67	0,00	10.000,00
TOTAL	10.161,03	161,03			

Sistema de amortización alemán

El sistema de amortización alemán es otro de los sistemas de amortización más utilizados en España y tiene muchas semejanzas con el sistema de amortización francés. Entre sus características principales destacan las siguientes:

Incluye cuotas de amortización constantes, al igual que el sistema francés.

Los intereses van decreciendo en función de lo que va reduciéndose el préstamo. Estos siempre se calculan sobre el importe pendiente de devolución.

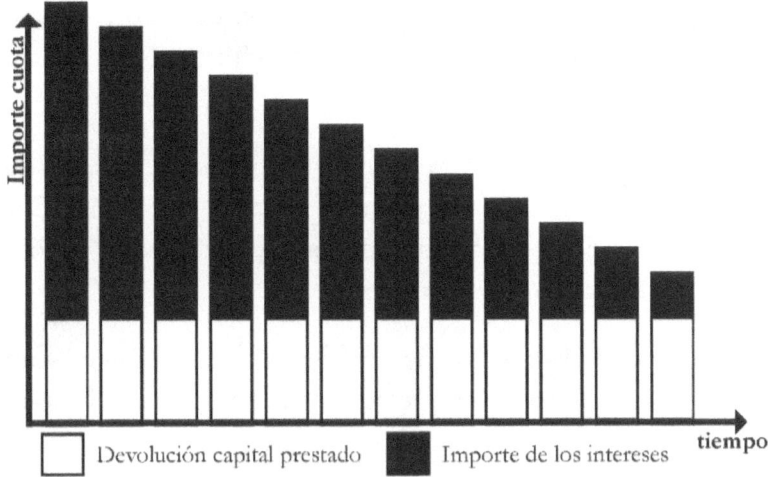

Devolución capital prestado   ■ Importe de los intereses   tiempo

Puesto que las cuotas de amortización son constantes y los intereses se van reduciendo paulatinamente, la cuota resultante conforme pasa el tiempo es decreciente.

Préstamo	10.000,00		Interés nominal	3%
Meses	12		Cuota	Variable

Período	Mensualidad	Intereses	Amortización	Capital vivo	Cap. Amortizado
0				10.000,00	
1	858,33	25,00	833,33	9.166,67	833,33
2	856,25	22,92	833,33	8.333,34	1.666,66
3	854,16	20,83	833,33	7.500,01	2.499,99
4	852,09	18,75	833,34	6.666,67	3.333,33
5	850,00	16,67	833,33	5.833,34	4.166,66
6	847,92	14,58	833,34	5.000,00	5.000,00
7	845,83	12,50	833,33	4.166,67	5.833,33
8	843,76	10,42	833,34	3.333,33	6.666,67
9	841,66	8,33	833,33	2.500,00	7.500,00
10	839,59	6,25	833,34	1.666,66	8.333,34
11	837,50	4,17	833,33	833,33	9.166,67
12	835,42	2,08	833,34	0,00	10.000,00
TOTAL	10.162,51	162,50			

Sistema de amortización americano

Este sistema se caracteriza por realizar un pago exclusivo de intereses cada vez que hay que abonar una cuota. Únicamente en la última se lleva a cabo la amortización de todo el capital. Es decir, que hasta que no vence el crédito no lo hace el préstamo.

Mientras tanto el cliente deberá de pagar mensualmente los intereses y abonar el capital prestado únicamente al final. Con este sistema vamos ahorrando poco a poco para pagar todo el capital al vencimiento del préstamo.

A diferencia de lo que puede suceder con otros sistemas, en este caso los intereses siempre son los mismos, pues el capital prestado sigue sin amortizar hasta la última cuota.

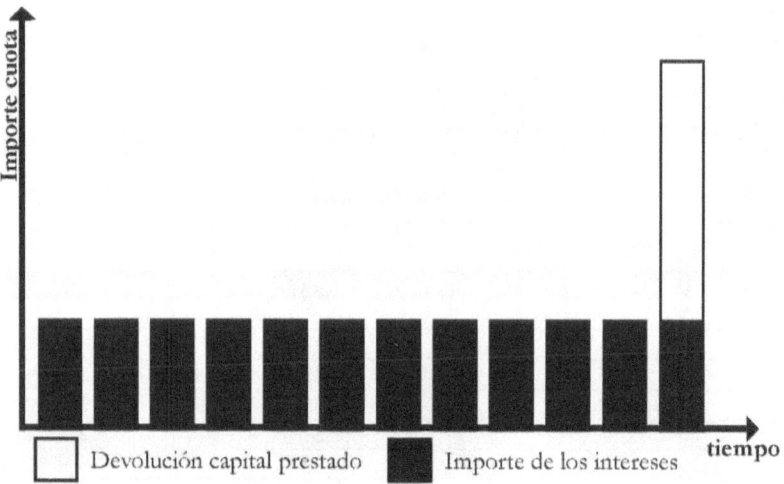

Sin embargo, si firmamos una hipoteca con el sistema de amortización francés de tipo fijo, es probable que interese revisar los demás sistemas de amortización que existen en el mercado.

| **Préstamo** | 10.000,00 | | **Interés nominal** | | 3% |
| **Meses** | 12 | | **Cuota** | | Solo interés hasta el final |

Período	Mensualidad	Intereses	Amortización	Capital vivo	Cap. Amortizado
0				10.000,00	
1	25,00	25,00	-	10.000,00	-
2	25,00	25,00	-	10.000,00	-
3	25,00	25,00	-	10.000,00	-
4	25,00	25,00	-	10.000,00	-
5	25,00	25,00	-	10.000,00	-
6	25,00	25,00	-	10.000,00	-
7	25,00	25,00	-	10.000,00	-
8	25,00	25,00	-	10.000,00	-
9	25,00	25,00	-	10.000,00	-
10	25,00	25,00	-	10.000,00	-
11	25,00	25,00	-	10.000,00	-
12	10.025,00	25,00	10.000,00	0,00	10.000,00
TOTAL	**10.300,00**	**300,00**			

Comparativa entre los sistemas de amortización

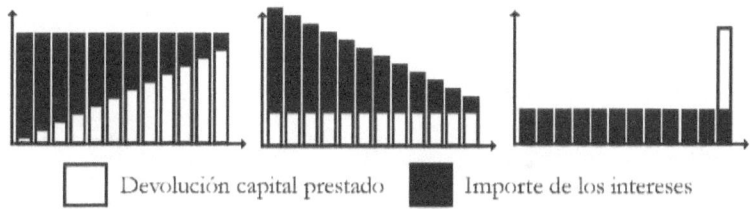

☐ Devolución capital prestado   ■ Importe de los intereses

Si comparamos las tres alternativas propuestas, observamos que la devolución del capital prestado se realiza de diferente manera en los tres sistemas.

En el primer sistema (francés), siempre liquidaremos la misma cuota, aunque la devolución efectiva de capital prestado cambiará a medida que pase el tiempo, pagando más intereses que devolución de capital en las primeras cuotas.

En el segundo sistema (alemán), siempre devolvemos el mismo importe de capital prestado, por lo que la cuota total va disminuyendo, siendo la primera la más elevada y la última la más pequeña. La liquidación de intereses es decreciente, así como lo hace la cuota.

El tercer sistema (americano), no devuelve nada de capital prestado hasta el final del préstamo. Se liquidan solo intereses mientras dura el préstamo.

Si observamos los cuadros de amortización de los ejemplos, por el mismo capital e interés, con diferentes métodos se pagan diferentes cantidades de intereses.

Cancelación de deudas

Considerando que lo más común es obtener del mercado financiero un crédito con el método de amortización francés, tenemos que la evolución del retorno del capital prestado e intereses de las cuotas es este:

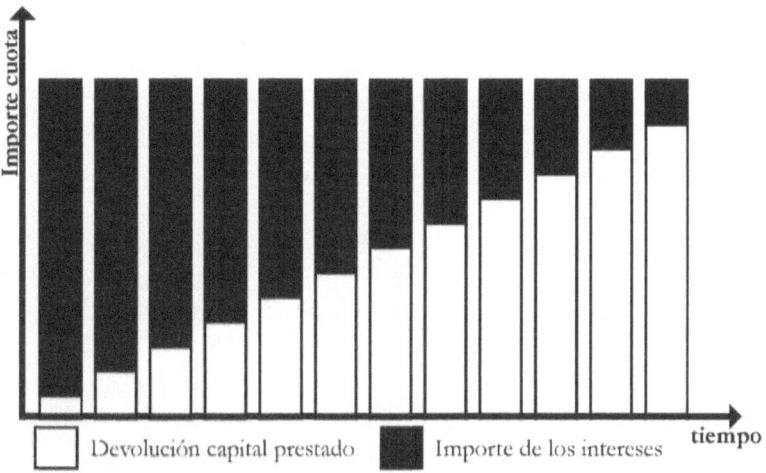

Esto significa que, al principio de la vida del crédito, aunque las cuotas sean constantes, del total abonado en cada cuota una parte muy elevada cubre intereses y la devolución real de capital prestado es muy baja.

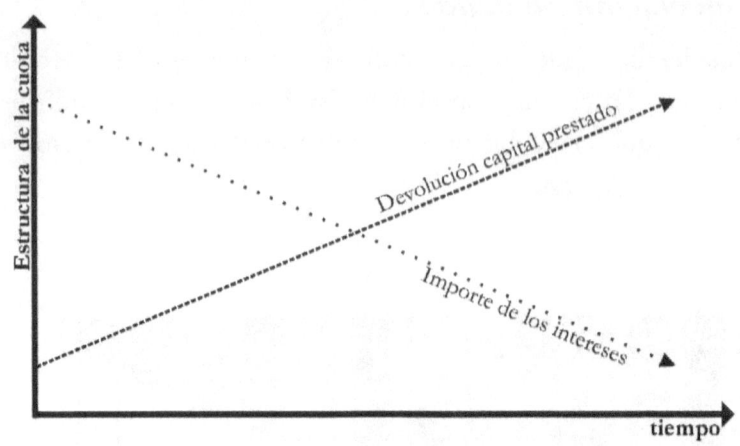

Durante la vida del crédito la tendencia es a invertir los dos parámetros en tanto que cada vez se devuelve más capital y menos intereses.

Podemos considerar que este sistema o método de devolución es de mínimos, puesto que, en cualquier momento de vida del crédito podemos hacer devoluciones parciales o cancelación del total. La cláusula de cancelación parcial o total del crédito viene reflejada en el contrato que hacemos con el banco y puede (debe) ser negociada antes de la firma.

¿Cuánto puedo ahorrar al amortizar un préstamo antes de tiempo?

El ahorro que puedes conseguir al amortizar un préstamo antes de tiempo dependerá de varios factores:

- Las comisiones por amortización anticipada: las comisiones por devolver un préstamo antes de tiempo están limitadas por ley.
  Como mucho, tu banco podrá cobrarte un 0,5% si quedan menos de 12 meses para que finalice el plazo

acordado con tu entidad, y un 1% durante el resto del tiempo. También va en función del país y su normativa.

- La cantidad que vayas a devolver: cuanto mayor sea la cantidad de dinero que vayas a devolver, mayor será el ahorro que consigas porque mayores serán los intereses que estarás dejando de pagar porque a su vez, quedará menor importe a devolver.

- El momento en el que realices la amortización: en España, lo habitual es que el sistema de amortización de cualquier préstamo (tanto hipotecario como personal) sea el francés. Eso significa que el porcentaje de intereses que pagarás al principio será mayor que el que pagarás según se acerca el final del plazo que hayas acordado con tu banco. Por tanto, <u>cuanto antes decidas amortizar un préstamo (total o parcial), más dinero en intereses estarás ahorrando</u>.

Cuando hacemos una cancelación parcial de crédito, no estamos pagando parte de cuotas venideras por anticipado, sino que estamos devolviendo directamente capital prestado. Este matiz es importante puesto que los intereses se calculan sobre el importe pendiente a devolver. Veámoslo a continuación.

¿Reducir cuota o reducir plazo?

Si decidimos amortizar un préstamo antes de tiempo, y lo hacemos de forma parcial (es decir, solo devolvemos una parte de la deuda que tenemos pendiente con el banco), tendremos dos opciones para efectuar la operación:

- Reducir la cuota que pagamos todos los meses.
- Reducir el número de cuotas pendientes para terminar de devolver lo que se debe.

Con ambas opciones, amortizar un préstamo nos permitirá ahorrar dinero, pero ¿con cuál podrás hacerlo en mayor medida?:

- Reducir el plazo de devolución (es decir, terminarías de pagar tu deuda antes), pero manteniendo la que estabas pagando hasta ese momento.
- Reducir la cuota (pagarás menor cuota cada mes), pero manteniendo el plazo de devolución.

Préstamo	10.000,00	Interés nominal	3%
Meses	12	Cuota	846,75

Período	Mensualidad	Intereses	Amortización	Capital vivo	Cap. Amortizado
0				10.000,00	
1	846,75	24,66	822,09	9.177,91	822,09
2	846,75	22,64	824,12	8.353,79	1.646,21
3	846,75	20,60	826,15	7.527,64	2.472,36
4	846,75	18,57	828,19	6.699,46	3.300,54
5	846,75	16,52	830,23	5.869,23	4.130,77
6	846,75	14,48	832,28	5.036,95	4.963,05
7	846,75	12,42	834,33	4.202,62	5.797,38
8	846,75	10,36	836,39	3.366,23	6.633,77
9	846,75	8,30	838,45	2.527,78	7.472,22
10	846,75	6,23	840,52	1.687,26	8.312,74
11	846,75	4,16	842,59	844,67	9.155,33
12	846,75	2,08	844,67	0,00	10.000,00
TOTAL	10.161,03	161,03			

Considerando el préstamo visto en los diferentes sistemas de amortización, vamos a aplicar una amortización de 3.000 € en el periodo 6.

Vamos a optar en esta amortización por reducir la cuota a pagar mensualmente.

El nuevo cuadro, quedaría de la siguiente manera.

Préstamo	10.000,00	Interés nominal	3%
Meses	12	Amort. Parc.	3.000,00

Período	Mensualidad	Intereses	Amortización	Capital vivo	Cap. Amortizado
0				10.000,00	
1	846,75	24,66	822,09	9.177,91	822,09
2	846,75	22,64	824,12	8.353,79	1.646,21
3	846,75	20,60	826,15	7.527,64	2.472,36
4	846,75	18,57	828,19	6.699,46	3.300,54
5	846,75	16,52	830,23	5.869,23	4.130,77
6	846,75	14,48	832,28	**2.036,95**	7.963,05
7	342,43	5,02	337,40	1.699,54	8.300,46
8	342,43	4,19	338,24	1.361,31	8.638,69
9	342,43	3,36	339,07	1.022,24	8.977,76
10	342,43	2,52	339,91	682,33	9.317,67
11	342,43	1,68	340,74	341,59	9.658,41
12	342,43	0,84	341,59	0,00	10.000,00
TOTAL	**7.135,08**	**135,08**			

Si, realizamos la misma amortización parcial anticipada, pero nos decidimos por reducir el número de cuotas, el cuadro nos quedaría de la siguiente forma:

Préstamo	10.000,00	Interés nominal	3%
Meses	12	Amort. Parc.	3.000,00

Período	Mensualidad	Intereses	Amortización	Capital vivo	Cap. Amortizado
0				10.000,00	
1	846,75	24,66	822,09	9.177,91	822,09
2	846,75	22,64	824,12	8.353,79	1.646,21
3	846,75	20,60	826,15	7.527,64	2.472,36
4	846,75	18,57	828,19	6.699,46	3.300,54
5	846,75	16,52	830,23	5.869,23	4.130,77
6	846,75	14,48	832,28	**2.036,95**	7.963,05
7	846,75	5,02	841,73	1.195,22	8.804,78
8	846,75	2,95	843,80	351,42	9.648,58
9	352,29	0,87	351,42	-	10.000,00
10	-	-	-	-	10.000,00
11	-	-	-	-	10.000,00
12	-	-	-	-	10.000,00
TOTAL	**7.126,31**	**126,30**			

Vemos que el total de intereses de los dos préstamos es diferente.

Si no hacemos cancelación anticipada, pagamos 161'03 € en concepto de intereses.

Con la cancelación de 3.000 € optando por la reducción de cuota, pagamos 135'08 € en total.

Y si optamos por la reducción del número de cuotas, el préstamo se cancela 3 meses antes y pagamos un total de 126'30 €.

Hacer esta operación sobre un crédito de un capital importante con un periodo de devolución de varios años, conlleva una disminución importante de intereses. En este ejemplo estamos hablando de un capital pequeño y un periodo de 12 meses pero ya observamos el ahorro que supone esta operación.

Conclusiones

En cualquier caso, siempre es recomendable amortizar anticipadamente los préstamos en los primeros años del plazo.

En un supuesto escenario de intereses bajos, invertir el dinero sobrante 'puede' salir más a cuenta que usarlo para devolver el capital del préstamo antes de tiempo.

Cabe destacar, además, que las hipotecas fijas pueden incluir la denominada comisión de riesgo por tipo de interés, un recargo no regulado que suele oscilar entre el 0,5 y el 5%. Esta penalización se aplica únicamente si cancelar anticipadamente la hipoteca genera una pérdida de ingresos a la entidad o cuando se subroga la hipoteca.

Por lo tanto, si queremos utilizar una fracción de nuestros ahorros para liquidar la deuda o reducirla, debemos leer siempre la letra pequeña de la escritura de la hipoteca para comprobar si la entidad nos cobrará una compensación por cancelación anticipada o por amortización anticipada parcial. En algunos casos, a esta comisión también se la denomina de reembolso anticipado o de desistimiento total o parcial. También es algo a considerar y negociar antes de firmar la hipoteca. En cualquier caso, el beneficio de la operación recae sobre el prestatario.

La formación

Según la wikipedia, podemos definir el conocimiento como:

1.   Hechos o información adquiridos por una persona a través de la experiencia o la educación, la comprensión teórica o práctica de un asunto referente a la realidad.
2.   Lo que se adquiere como contenido intelectual relativo a un campo determinado o a la totalidad del universo.
3.   Conciencia o familiaridad adquirida por la experiencia de un hecho o situación.
4.   Representa toda certidumbre cognitiva mensurable según la respuesta a «¿por qué?», «¿cómo?», «¿cuándo?» y «¿dónde?».

No existe una única definición de 'conocimiento'. Sin embargo, existen muchas perspectivas desde las que se puede considerar el conocimiento; siendo la consideración de su función y fundamento, un problema histórico de la reflexión filosófica y de la ciencia.

Partiendo de esta definición que nos ofrece wikipedia (es más extensa), podemos valorar si la información que consumimos diariamente nos acerca conocimiento o son simple banalidades. Como hemos visto anteriormente, hay mucha información que recibimos que nos consume energía que podemos destinar a otros menesteres más productivos, tanto personal como profesionalmente hablando.

El conocimiento nos dará mayor amplitud en nuestra visión de campo, mayor perspectiva e información para la toma de decisiones. Además, estas decisiones podrán tomarse más rápidamente y serán más efectivas. La calidad de la información que tendremos desarrollará esta característica en nosotros.

Más tarde, veremos cómo adquirimos conocimiento a través de las 4 etapas del aprendizaje.

¿Por qué es importante formarse?

Desde que nace, el humano dispone de capacidad de aprendizaje. Realmente, los primeros años son los más ajetreados puesto que venimos al mundo como un disco en blanco en el que se tiene que ir insertando contenido.

Sin saber porque, desaprovechamos esta capacidad de aprendizaje con el paso del tiempo. Llegamos a una edad en la que nos centramos en el trabajo y dejamos de lado la formación. De alguna forma, consideramos que estamos completos y que tenemos todo lo necesario para salir adelante en las distintas facetas de nuestra vida moderna.

Los que siguen formándose, o que se dan cuenta que deben aprender cosas nuevas, suelen ser los que pretenden promocionar, lograr un cambio de trabajo, etc. Seguramente conoces a alguien que ha hecho un cambio radical en su vida en base a una nueva formación o titulación académica.

Bien es cierto que disponer de ventajas competitivas frente al resto de compañeros o candidatos a un puesto de trabajo es casi imprescindible en la actualidad. La adquisición de nuevo conocimiento ayuda a adquirir esa ventaja competitiva.

La continua formación es uno de los pilares más importantes de los conocimientos que puede adquirir una persona a lo largo de su vida.

Desafortunadamente, mucha gente se da cuenta de ello solamente cuando más falta le hace, que suele coincidir en periodos donde ya es demasiado tarde. Hay que valorar en qué estación es más favorable tener ese conocimiento y en cuál es más fácil acceder y adquirirlo. El conocimiento a deshora suele salir caro. De haberlo sabido antes no hubiese… ¿Te suena?

Laboralmente, tanto si trabajas por tu cuenta como si trabajar por cuenta ajena, capacitarse de forma continua es casi imprescindible para estar a la altura de las circunstancias, puesto que la creciente competencia entre empresas hace que estas luchen por la supervivencia, y nosotros, debemos estar en el lado más fuerte.

La formación profesional y personal es la vía más adecuada para lograr metas y también para crecer dentro de un mundo progresivo.

La importancia de un futuro profesional

En casa, la educación nos aporta los principios fundamentales para ver la vida con esa perspectiva, al igual que nuestros hábitos, valores y prioridades.

La educación, con sus principios y valores han de sustentarse en esa motivación que nos proporcione energía para focalizarnos en nuestros sueños.

Los hábitos de formación deben crearse desde casa, bajo un ambiente de estudio que los motive a ser mejores personas. Cuando una persona tiene formación tiene más oportunidades para acceder a un trabajo, y estará en constante aprendizaje y para realizar sus sueños.

La buena relación con amigos, contactos y empresas relacionadas con el campo al que se desea llegar, siempre serán puertas de entrada a nivel de experiencia y contribuirán a crecer tanto profesional como laboralmente.

Jim Rohn decía que eres el promedio de las cinco personas que te rodean.

Recordemos el gráfico entre la correlación de ingresos y nivel de estudios en el que se pretende reflejar que a mayor nivel de formación se accede a mayor retribución o ingreso.

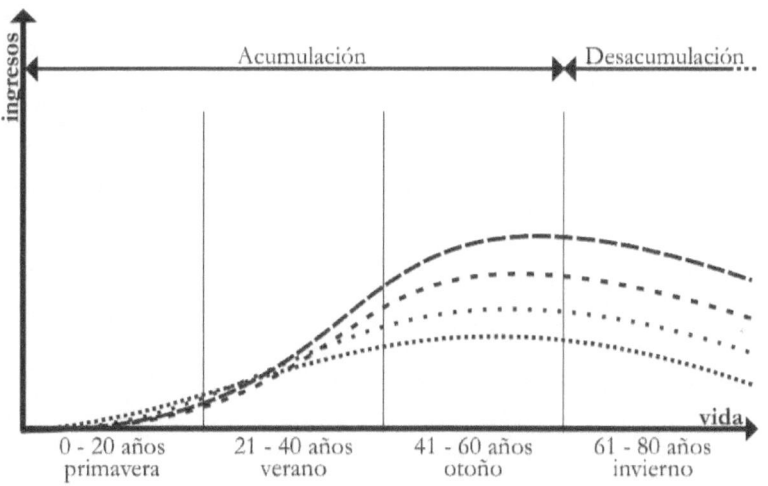

Hay estudios que revelan que la Educación Superior aporta a los jóvenes una probabilidad de trabajar 13 puntos porcentuales por encima de otras personas con estudios obligatorios.

Por su parte, otros ponen de manifiesto que los jóvenes más formados obtienen un 40,5% más de salario que los que no lo están, una diferencia que en el caso de los mayores de 50 años es 2,6 veces superior.

Formarse importa y existen diversas formar de hacerlo. Deberíamos destinar una parte de nuestro presupuesto anual a la formación propia. Tampoco es preciso que siempre sea en temas puramente laborales.

La importancia de la formación para tu desarrollo personal y profesional

El escritor francés Gustave Flaubert no pudo estar más acertado cuando dijo que 'la vida debe ser una continua educación'.

El mundo sigue girando, queramos o no, así que lo mejor para nuestros intereses, tanto personales como profesionales, es apostar por la formación continua como vía para permanecer actualizados y preparados para las nuevas circunstancias.

¿Crees que contar con una carrera y/o un trabajo es suficiente? El mercado laboral sigue su curso y las empresas, en un escenario altamente competitivo, buscan nuevos servicios y productos para sobresalir del resto, lo que a su vez requiere de un capital humano en constante reciclaje, que sepa afrontar los retos tanto a nivel de competencias técnicas como de habilidades sociales o '*soft skills*'.

Por tanto, la formación es crucial en el desarrollo personal y profesional de cualquier persona, por el impacto que genera a distintos niveles:

- Mejora las condiciones de trabajo.
- La ampliación de las capacidades técnicas y habilidades sociales a través de acciones formativas nos posicionan en una situación de partida privilegiada para acceder al mercado de trabajo, para promocionar dentro de la compañía o para conseguir un empleo más satisfactorio en otra empresa.
- Incrementa la competencia profesional y la productividad. El hecho de estar altamente capacitados nos permite, a su vez, afrontar la toma de decisiones y resolución de conflictos de forma más eficaz, lo que

redunda en nuestra reputación dentro y fuera de la empresa, al tiempo que proporciona a la compañía mejores índices de productividad por parte de la plantilla.

- Aumenta nuestra satisfacción en el empleo. Gracias a la formación, seremos capaces de llevar a cabo con éxito las metas que nos propongamos y de afrontar nuevos desafíos, lo que tiene un impacto positivo en nuestra motivación laboral y nuestra satisfacción personal y autoafirmación.
- Potencia la confianza y autoestima en nuestras relaciones personales. La formación nos aporta conocimientos, pero también habilidades sociales (como proactividad, empatía, compromiso, autocrítica, tolerancia…), capacitándonos para interactuar con nuestro entorno con una actitud más positiva.

Educación. Definición.

La educación es el proceso de facilitar el aprendizaje. Los conocimientos, habilidades, valores, creencias y hábitos de un grupo de personas que los transfieren a otras personas, a través de la narración de cuentos, la discusión, la enseñanza, la formación o la investigación. La educación no solo se produce a través de la palabra, pues está presente en todas nuestras acciones, sentimientos y actitudes. Generalmente, la educación se lleva a cabo bajo la dirección de los educadores (profesores), pero los estudiantes también pueden educarse a sí mismos en un proceso llamado aprendizaje autodidacta. Cualquier experiencia que tenga un efecto formativo en la forma en que uno piensa, siente o actúa puede considerarse educativa.

La educación puede tener lugar en contextos formales o informales. La educación formal está comúnmente dividida en varias etapas, como preescolar, escuela primaria, escuela secundaria y luego el colegio, universidad o magistrado. El estudio de la educación se denomina pedagogía, ahora se habla de la necesidad de continuar con los procesos educativos más allá de la educación formal.

El derecho a la educación ha sido reconocido por algunos gobiernos. A nivel global, el artículo 13 del Pacto Internacional de Derechos Económicos, Sociales y Culturales de 1966 de las Naciones Unidas reconoce el derecho de toda persona a la educación. Aunque en la mayoría de los lugares hasta una cierta edad la educación sea obligatoria, a veces la asistencia a la escuela no lo es, y una minoría de los padres eligen la escolarización en casa, a veces, con la ayuda de la educación en línea.

Aprendizaje

El conocimiento lo adquirimos a través del aprendizaje.

El aprendizaje es el proceso a través del cual se modifican y adquieren habilidades, destrezas, conocimientos, conductas o valores como resultado del estudio, la experiencia, la instrucción, el razonamiento y la observación. Este proceso puede ser analizado desde distintas perspectivas, por lo que existen distintas teorías del aprendizaje. El aprendizaje es una de las funciones mentales más importantes en humanos, animales y sistemas artificiales. En el aprendizaje intervienen diversos factores que van desde el medio en el que el ser humano se desenvuelve, así como los valores y principios que se aprenden en la familia. En ella, se establecen los principios del aprendizaje de todo individuo y se afianza el conocimiento recibido que llega a formar después la base para aprendizajes posteriores.

El aprendizaje humano está relacionado con la educación y el desarrollo personal. Debe estar orientado adecuadamente y es favorecido cuando el individuo está motivado. El estudio acerca de cómo aprender interesa a la neuropsicología, la psicología educacional y la antropología, la que recoge las peculiaridades propias de cada etapa del desarrollo humano, y concibe sus planteamientos teóricos, metodológicos y didácticos para cada una de ellas. En ella se enmarcan, por ejemplo: la pedagogía, la educación de niños; y la andragogía, la educación de adultos.

El aprendizaje es concebido como el cambio de la conducta debido a la experiencia, es decir, no debido a factores madurativos, ritmos biológicos, enfermedad u otros que no correspondan a la interacción del organismo con su medio.

El aprendizaje es el proceso mediante el cual se adquiere una determinada habilidad, se asimila una información o se adopta una nueva estrategia de conocimiento y acción.

El aprendizaje como establecimiento de nuevas relaciones temporales entre un ser y su medio ambiental, ha sido objeto de numerosos estudios empíricos, realizados tanto en animales como en el hombre. Midiendo los progresos conseguidos en cierto tiempo se obtienen las curvas de aprendizaje, que muestran la importancia de la repetición de algunas predisposiciones fisiológicas, de «los ensayos y errores», de los períodos de reposo tras los cuales se aceleran los progresos, etc. Muestran también la última relación del aprendizaje con los reflejos condicionados.

El aprendizaje es un proceso a través del cual la persona se apropia del conocimiento en sus distintas dimensiones: conceptos, procedimientos, actitudes y valores.

El aprendizaje es la habilidad mental por medio de la cual conocemos, adquirimos hábitos, desarrollamos habilidades, forjamos actitudes e ideales. Es vital para los seres humanos, puesto que nos permite adaptarnos motora e intelectualmente al medio en el que vivimos, por medio de una modificación de la conducta.

También se puede definir el aprendizaje como un proceso de cambio relativamente permanente en el comportamiento de una persona generado por la experiencia (Feldman, 2005). En primer lugar, aprendizaje supone un cambio conductual o un cambio en la capacidad conductual. En segundo lugar, dicho cambio debe ser perdurable en el tiempo. En tercer lugar, otro criterio fundamental es que el aprendizaje ocurre a través de la práctica o de otras formas de experiencia (p. ej., observando a otras personas).

Debemos indicar que el término "conducta" se utiliza en el sentido amplio del término, evitando cualquier identificación reduccionista de la misma. Por lo tanto, al referir el aprendizaje como proceso de cambio conductual, asumimos el hecho de que el aprendizaje implica adquisición y modificación de conocimientos, estrategias, habilidades, creencias y actitudes (Schunk, 1991). En palabras de Schmeck (1988a, p. 171):

... el aprendizaje es un subproducto del pensamiento... Aprendemos pensando, y la calidad del resultado de aprendizaje está determinada por la calidad de nuestros pensamientos.

El proceso fundamental en el aprendizaje es la imitación (la repetición de un proceso observado, que implica tiempo, espacio, habilidades y otros recursos). De esta forma, las personas aprenden las tareas básicas necesarias para subsistir y desarrollarse en una comunidad.

En el ser humano, la capacidad de aprendizaje ha llegado a constituir un factor que sobrepasa a la habilidad común en las mismas ramas evolutivas, consistente en el cambio conductual en función del entorno dado. De modo que, a través de la continua adquisición de conocimiento, la especie humana ha logrado hasta cierto punto el poder de independizarse de su contexto ecológico e incluso de modificarlo según sus necesidades.

Todo nuevo aprendizaje es por definición dinámico, por lo cual es susceptible de ser revisado y reajustado a partir de nuevos ciclos que involucren los tres sistemas mencionados. Por ello, se dice que es un proceso inacabado y en espiral. En síntesis, se puede decir que el aprendizaje es la cualificación progresiva de las estructuras con las cuales un ser humano comprende su realidad y actúa frente a ella (parte de la realidad y vuelve a ella).

Para aprender necesitamos de cuatro factores fundamentales: inteligencia, conocimientos previos, experiencia y motivación.

- A pesar de que todos los factores son importantes, debemos señalar que sin motivación cualquier acción que realicemos no será completamente satisfactoria. Cuando se habla de aprendizaje, la motivación es el «querer aprender», resulta fundamental que el estudiante tenga el deseo de aprender. Aunque la motivación se encuentra limitada por la personalidad y fuerza de voluntad de cada persona.
- La experiencia es el «saber aprender», ya que el aprendizaje requiere determinadas técnicas básicas tales como: técnicas de comprensión (vocabulario), conceptuales (organizar, seleccionar, etc.), repetitivas (recitar, copiar, etc.) y exploratorias (experimentación). Es necesario una buena organización y planificación para lograr los objetivos.
- Por último, nos queda la inteligencia y los conocimientos previos, que al mismo tiempo se relacionan con la experiencia. Con respecto al primero, decimos que, para poder aprender, el individuo debe estar en condiciones de hacerlo, es decir, tiene que disponer de las capacidades cognitivas para construir los nuevos conocimientos.

Pirámide de Miller

Hace

Demuestra como

Sabe como

Sabe (recuerda)

¿Cuáles son las 4 etapas del proceso de aprendizaje?

¿Alguna vez te has preguntado en qué consiste el aprendizaje? ¿Cómo conseguimos pasar de no saber absolutamente sobre algo y pasamos a saber hacerlo perfectamente? Vamos a ser prácticos y a hablar del proceso de aprendizaje y las 4 etapas del aprendizaje dejando a un lado la parte técnica de los procesos mentales. Centrémonos en el comportamiento común por el que todos nosotros pasamos cuando estamos en pleno proceso de aprendizaje.

Durante todo el proceso de aprendizaje de una nueva habilidad o hábito, pasamos por 4 etapas bien diferenciadas entre sí mientras vamos mejorando nuestros resultados y cambiando nuestro comportamiento de manera que consigamos desarrollar con éxito nuestra meta. A continuación, os explicamos el proceso que nos permite pasar de ser unos incompetentes, a alguien capaz de aprender una destreza nueva.

Primera etapa del proceso de aprendizaje: Incompetencia Inconsciente

A la hora de empezar el proceso de aprendizaje de algo nuevo para nosotros, lo más habitual es que estemos en esta primera etapa de aprendizaje en la cual todavía NO somos conscientes de que no sabemos cómo hacer algo correctamente. Lo ignoramos completamente, habitualmente porque hasta el momento en el que se inicia el aprendizaje no hemos necesitado dedicar esfuerzos de ningún tipo para aprender cómo hacerlo. Sencillamente, no nos ha hecho falta pensar en ello.

A modo de ejemplo para facilitar la comprensión, supongamos que un amigo nos ha desafiado a participar contra él en una partida de dardos. Imagina que hasta aquel momento no has jugado nunca a los dardos, nunca te han gustado y no te molestaste en jugar ninguna vez. Hasta que tu amigo te desafió, no eras plenamente consciente de que no sabias cómo jugar. Conoces la mecánica, lo has visto, sabes que existe ese juego, pero ya está. Nunca has pensado en ello porque no lo has necesitado. Aquí es donde empieza el proceso de aprendizaje.

Segunda etapa del proceso de aprendizaje: Incompetencia consciente

Una vez que somos conscientes de que hay algo que tenemos que aprender, comenzamos a fijarnos en los detalles que antes decidíamos ignorar completamente por no ser interesantes o importantes para nosotros. En esta segunda etapa del proceso de aprendizaje tomamos consciencia de la necesidad que ha surgido y a la que tenemos que hacer frente. Empezamos a dedicar recursos mentales a prestar atención a los detalles relacionados con esa nueva actividad que se nos presenta.

En nuestro ejemplo, el proceso de aprendizaje de la incompetencia consciente se inicia cuando somos desafiados a jugar a los dardos y aceptamos el desafío. Hasta aquel momento no éramos conscientes, pero desde ese instante nuestro comportamiento sobre esa actividad cambia. Ahora sabemos que somos incompetentes, no sabemos las normas, el peso de los dardos hace que fallemos y lancemos los dardos con mucha fuerza fallando por mucha distancia, etc.

Tercera etapa del proceso de aprendizaje: Competencia Consciente

Después de practicar muchas veces conseguimos desarrollar nuestras habilidades hasta el punto de conseguir hacerlo correctamente. Esta parte del proceso de aprendizaje es la competencia consciente, todavía no hemos interiorizado los detalles que tenemos que tener en cuenta, pero si le prestamos atención a la actividad podemos realizarla con éxito.

Ahora ya somos capaces de dar en la diana una vez que nos concentramos y tenemos en cuenta el peso del dardo y la manera en la que estamos colocando los dedos.

Cuarta etapa del proceso de aprendizaje: Competencia Inconsciente

Ésta es la última etapa del proceso de aprendizaje. Una vez que dominamos cómo hacer algo empezamos a automatizar el proceso, a medida que practicamos vamos interiorizando y memorizando los pasos que tenemos que seguir hasta conseguir el objetivo deseado. Cada vez necesitamos estar menos atentos a los detalles pues los hemos ido memorizando a base de practicar.

En nuestro ejemplo, ahora agarrar los dardos colocando los dedos bien es muy fácil, eres capaz de saber cómo debes agarrarlo y con qué fuerza y en qué dirección apuntar para acercarte a la diana lo máximo posible. Quizá no ganes la partida de dardos, pero desde luego ahora sabrás jugar a los dardos en el futuro.

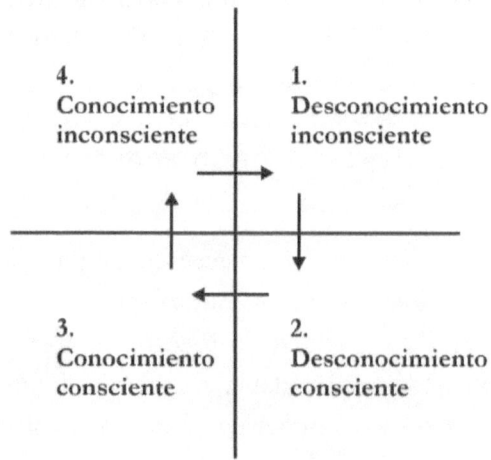

Epílogo

Considerando que vamos a vivir un tiempo determinado, y que durante este tiempo nos vamos a formar, trabajar y obtener unos ingresos por ello, debemos decidir qué vamos a hacer con esos ingresos.

Gestionarnos bien es una tarea bien difícil. Somos seres psicológicos. A medida que avanzamos en edad, también lo hacemos en experiencia. Esta experiencia, puede ser recordada como positiva o negativa, y la formación previa que tengamos puede ayudarnos a que la decisión previa que tomemos la condicione de un lado u otro.

Está claro que lo que hagamos hoy nos condicionará el mañana, y el no hacer nada, también.

Nuestros aciertos y desaciertos condicionarán el mañana, y en la medida de la magnitud de las decisiones, puede que por mucho más tiempo.

Abrir los ojos y más aún la mente, debe servirnos para observar qué estamos haciendo hoy, cómo lo estamos haciendo, qué queremos hacer mañana y cómo lo queremos hacer.

A todos nos llega el invierno de la vida, hoy podemos actuar para determinar cómo llegamos. No dejes que otros decidan por ti.